▶ 动画视频 ＋ 全彩图解

# 公路养护安全法律法规

顾惠烽　编著

化学工业出版社
·北京·

## 内容简介

本书精心选取了最新版《公路养护技术规范》《公路养护安全作业规程》《中华人民共和国交通法》和《道路交通安全法实施条例》中的相关常识和实用内容，主要以全彩图解的形式进行介绍，对公路养护安全作业知识及相关法律法规条文进行全面解读。书中涉及具体操作的内容配有效果逼真的动画演示视频讲解，便于轻松学习、理解和掌握相关知识和法律条文。

本书适合法律法规学习入门者使用，也可供相关院校和道路交通及公路养护单位组织日常教学、培训使用，汽车驾驶员、私家车主以及对交通设施和交通安全等感兴趣的读者也可参阅。

**图书在版编目（CIP）数据**

动画视频+全彩图解公路养护安全法律法规/顾惠烽
编著. —北京：化学工业出版社，2023.11
ISBN 978-7-122-43985-7

Ⅰ.①动…　Ⅱ.①顾…　Ⅲ.①公路养护-安全法规-
中国-图解　Ⅳ.①D922.296-64

中国国家版本馆CIP数据核字（2023）第151604号

---

责任编辑：黄　滢　　　　　　　　　　装帧设计：王晓宇
责任校对：刘曦阳

---

出版发行：化学工业出版社（北京市东城区青年湖南街13号　邮政编码100011）
印　　装：北京瑞禾彩色印刷有限公司
710mm×1000mm　1/16　印张11　字数205千字　　2024年1月北京第1版第1次印刷

---

购书咨询：010-64518888　　　　　　　售后服务：010-64518899
网　　址：http://www.cip.com.cn
凡购买本书，如有缺损质量问题，本社销售中心负责调换。

---

定　　价：69.80元　　　　　　　　　　　　　版权所有　违者必究

# 前 言

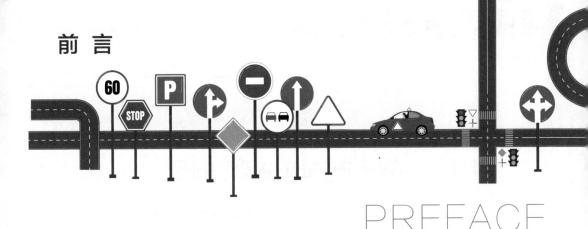

PREFACE

随着我国城市化进程的加快，公路交通也在飞速发展，现代化的城市道路、高速公路、互通桥梁、隧道涵洞、广场绿地等设施日趋完善的同时也更加复杂多样，从而对公路工程相关人员的日常养护技能和安全作业都提出了更加严峻的挑战。

为帮助公路养护相关从业者尽快熟悉和掌握相关法律法规基本常识，避免因自身缺少相关知识而造成不必要的人身安全和财产损失，以及减少由此带来的一些安全隐患和引发的一系列社会问题，在化学工业出版社的组织下，特编写了本书。

本书依据最新版《公路养护技术规范》《公路养护安全作业规程》《中华人民共和国交通法》和《道路交通安全法实施条例》编写而成。书中精心选取了其中的常用与实用内容，以彩色图解的形式，对相关法律法规条文进行了全面解读。

全书内容共分16章。第1章介绍公路养护作业的术语和符号；第2章介绍公路养护作业的分类、保障及要求；第3章介绍公路养护作业控制区；第4章介绍公路养护安全设施；第5～12章依次介绍高速公路和一级公路养护作业控制区，二、三级公路养护作业控制区，四级公路养护作业控制区，桥涵养护作业控制区，隧道养护作业控制区，平面交叉养护作业控制区，收费广场养护作业控制区，交通工程及沿线设施养护作业控制区；第13章介绍特殊路段及特殊气象条件养护安全作业；第14～16章依次介绍城市道路作业控制区、临时作业控制区和移动作业控制区。

本书图片精美丰富，直观易懂；较复杂难懂的知识点配套MP4三维动画演示视频讲解，扫描书内相关章节的二维码即可观看。将图文内容和动画演示视频对照学习，有利于读者快速理解和掌握。

本书适合法律法规学习入门者使用，也可供相关院校和道路交通及公路养护单位组织日常教学、培训使用，汽车驾驶员、私家车主以及对交通设施和交通安全等感兴趣的读者也可参阅。

由于编者水平所限，书中难免有疏漏和不妥之处，敬请广大读者批评指正。

编 者

# 目录

# 第5章　高速公路和一级公路养护作业控制区

# 第6章　二、三级公路养护作业控制区

# 第7章 四级公路养护作业控制区

# 第8章 桥涵养护作业控制区

# 第9章 隧道养护作业控制区

# 第10章　平面交叉养护作业控制区

# 第11章　收费广场养护作业控制区

# 第12章　交通工程及沿线设施养护作业控制区

# 第13章　特殊路段及特殊气象条件养护安全作业

# 第14章　城市道路作业控制区

# 第15章　临时作业控制区

# 第16章　移动作业控制区

为规范公路养护安全作业，保障养护作业人员、设备和车辆运行的安全，特制定公路养护安全作业规程。

公路养护安全作业规程适用于各等级公路养护作业控制区布置、安全设施布设和安全作业管理。

公路养护作业控制区布置与安全作业管理应遵循布置合理、管控有效、安全可靠、便于实施的原则，应根据作业时间划分公路养护作业类型，并进行相应的安全作业管理，保障养护安全作业，提高管控区域的通行效率。

公路养护安全作业除应符合本规程的规定外，还应符合国家和行业现行有关标准的规定。

# 第 1 章
# 公路养护作业的术语和符号

## 1.1 | 公路养护作业的术语

### 1.1.1 基本术语

扫一扫
视频精讲

（1）长期养护作业

定点作业时间大于24h的各类养护作业。

（2）短期养护作业

定点作业时间大于4h且小于或等于24h的各类养护作业。

（3）临时养护作业

定点作业时间大于30min且小于或等于4h的各类养护作业。

（4）移动养护作业

连续移动或停留时间不超过30min的
动态养护作业。移动养护作业（图1-1-1）
分为机械移动养护作业和人工移动养护
作业。

（5）封闭车道养护作业

封闭一个或多个行车道的各类养护
作业。

（6）封闭路肩养护作业

封闭硬路肩或土路肩的各类养护作业。

图 1-1-1　移动养护作业

## 1.1.2 养护作业控制区

为公路养护安全作业所设置的交通管控区域，分为警告区、上游过渡区、纵向缓冲区、横向缓冲区、工作区、下游过渡区、终止区等（图1-1-2）。

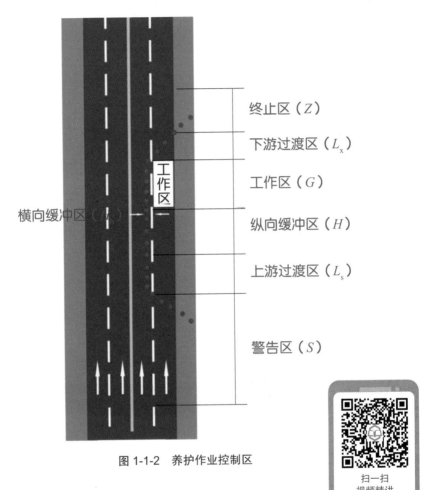

图 1-1-2 养护作业控制区

（1）警告区

从公路养护作业控制区起点布设施工标志到上游过渡区起点之间的区域，用以警告驾驶人员已进入养护作业区域，按交通标志调整行车状态。

（2）上游过渡区

保证车辆从警告区终点封闭车道平稳地横向过渡到缓冲区起点侧面非封闭车道之间的区域。

（3）纵向缓冲区

上游过渡区终点到工作区起点之间的安全缓冲区域。

（4）横向缓冲区

布置于纵向缓冲区和工作区与非封闭车道之间，保障养护作业人员和设备横向安全的区域。

（5）工作区

从纵向缓冲区终点到下游过渡区起点之间的施工作业区域。

（6）下游过渡区

保证车辆从工作区终点非封闭车道平稳地横向过渡到终止区起点之间的区域。

（7）终止区

设置于下游过渡区后调整车辆恢复到正常行车状态的区域。

（8）大型载重汽车停靠区

设置于桥梁搭板前或隧道入口前，控制大型载重汽车间歇放行或引导通行的停车区域。

（9）逐级限速

设置两块及以上限速标志，限速值按一定梯度递减的限速方法。

（10）最终限速值

逐级限速中最小的限速值。

## 1.2 | 公路养护作业的符号

$G$ —— 工作区长度。

$H$ —— 纵向缓冲区长度。

$H_h$ —— 横向缓冲区宽度。

$L_j$ —— 封闭路肩上游过渡区长度。

$L_s$ —— 上游过渡区长度。

$L_x$ —— 下游过渡区长度。

$Q$ —— 作业时段内通行车道的单车道高峰小时交通量。

$S$ —— 警告区长度。

$v$ —— 车辆行驶速度。

$W$ —— 封闭区宽度。

$Z$ —— 终止区长度。

# 第2章
# 公路养护作业的分类、保障及要求

## 2.1 | 公路养护作业的分类

公路养护作业可分为长期养护作业、短期养护作业、临时养护作业和移动养护作业，并应根据养护作业类型制定相应的安全保通方案。

## 2.2 | 公路养护作业的保障

长期养护作业应加强交通组织，必要时修建便道，宜采用稳固式安全设施并及时检查维护，加强现场养护安全作业管理。

短期养护作业应按要求布置作业控制区，可采用易于安装和拆除的安全设施。

临时和移动养护作业控制区布置可在长期和短期养护作业控制区基础上，根据实际情况，在保障安全的前提下进行简化。

公路养护作业应在保障养护作业人员、设备和车辆运行安全的前提下，充分考虑养护作业对交通安全保通状况的影响，保障交通通行。

公路养护作业应利用可变信息标志、交通广播、网络媒体、临时性交通标志等沿线设施、信息服务平台，及时发布前方公路或区域路网内的养护作业信息。

公路长期养护作业应组织制定养护安全作业应急预案。当发生突发事件时，应及时启动应急预案。

## 2.3 | 公路养护作业的一般要求

公路养护作业前应了解埋设或架设在公路沿线、桥梁上和隧道内（图2-3-1）

的各种设施，并与有关设施管理部门取得联系，采取必要的保护措施。当通航桥梁养护作业影响到航运安全时，应在养护作业前向有关部门通报。

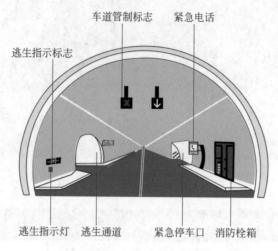

车道管制标志　紧急电话

逃生指示标志

逃生指示灯　逃生通道　紧急停车口　消防栓箱

图 2-3-1　隧道内的各种设施

公路养护作业开始前应覆盖与养护安全设施相冲突的既有公路设施，结束后应及时恢复被覆盖的既有公路设施（图2-3-2）。

公路养护作业未完成前，不得擅自改变作业控制区的范围和安全设施的布设位置。

公路养护作业人员应按有关规定穿着反光服，戴安全帽（图2-3-3）。

公路

50

图 2-3-2　恢复被覆盖的既有公路设施　　　图 2-3-3　公路养护作业人员穿着规定

交通引导人员尚应符合下列规定。

❶ 交通引导人员应面向来车方向，站在可视性良好的非行车区域内。

❷ 进行高速公路和一级公路养护作业时，交通引导人员宜站在警告区非行车区域内。

❸ 公路养护作业人员必须在作业控制区内进行养护作业。人员上下作业车辆或装卸物资时必须在工作区内进行。

❹ 过渡区内不得堆放材料、设备或停放车辆。摆放的作业机械、车辆和堆放的施工材料不得侵占作业控制区外的空间，也不得危及桥梁、隧道等结构物的安全。

## 2.4 | 夜间公路养护作业的要求

公路养护安全设施在使用期间应定期检查维护，保持设施完好并能正常使用。用于夜间养护作业的安全设施必须具有反光性或发光性。

夜间进行养护作业时应布设照明设施和警示频闪灯，并应加强养护作业的现场管理。

公路养护作业控制区安全设施的布设与移除，应按移动养护作业要求进行。安全设施布设顺序应从警告区开始，向终止区推进，确保已摆放的安全设施清晰可见；移除顺序应与布设顺序相反，但警告区标志的移除顺序应与布设顺序相同。

公路检测宜根据作业时间按相应的养护作业类型布置作业控制区，并应加强现场检测作业管理。

# 第3章
# 公路养护作业控制区

## 3.1 | 公路养护作业控制区的布置

公路养护作业控制区应按警告区、上游过渡区、纵向缓冲区、工作区、下游过渡区和终止区的顺序依次布置，公路养护作业控制区参见图1-1-2，封闭路肩养护作业控制区如图3-1-1所示。

长期和短期养护作业应布置警告区、上游过渡区、缓冲区、工作区、下游过渡区、终止区等；临时养护作业控制区布置可在长、短期养护作业基础上减小区段长度，有移动式标志车时也可不布置上游过渡区；移动养护作业控制区可仅布置警告区和工作区，警告区长度可减小。四级公路养护作业控制区布置可在二、三级公路养护作业控制区基础上简化。

## 3.2 | 养护作业控制区的限速要求

扫一扫
视频精讲

❶ 限速过程应在警告区内完成（图3-2-1）。

❷ 应采用逐级限速或重复提示限速方法。逐级限速宜每100m降低10km/h。相邻限速标志间距不宜小于200m。

❸ 最终限速值不应大于表3-2-1的规定。当最终限速值对应的预留行车宽度不符合要求时，应降低最终限速值。

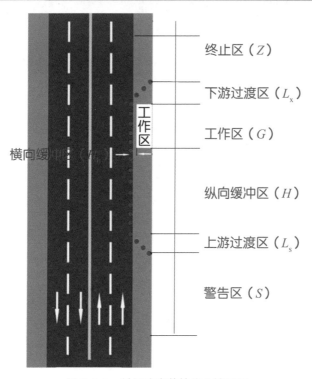

终止区（$Z$）

下游过渡区（$L_x$）

工作区（$G$）

横向缓冲区（$H_x$）

纵向缓冲区（$H$）

上游过渡区（$L_s$）

警告区（$S$）

图 3-1-1　封闭路肩养护作业控制区

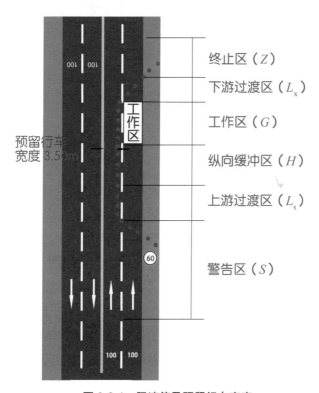

终止区（$Z$）

下游过渡区（$L_x$）

工作区（$G$）

预留行车宽度 3.50m

纵向缓冲区（$H$）

上游过渡区（$L_s$）

警告区（$S$）

图 3-2-1　限速值及预留行车宽度

表 3-2-1 公路养护作业限速值

| 设计速度 /(km/h) | 最终限速值 /(km/h) | 预留行车宽度 /m |
|---|---|---|
| 120 | 80 | 3.75 |
| 100 | 60 | 3.50 |
| 80 | 40 | 3.50 |
| 60 | 40 | 3.25 |
| 40 | 30 | 3.25 |
| 30 | 20 | 3.00 |
| 20 | 20 | 3.00 |

❹ 高速公路和一级公路封闭路肩养护作业，表3-2-1中的最终限速值可提高10km/h或20km/h。

❺ 不满足超车视距的二、三级公路弯道或纵坡路段养护作业，最终限速值宜取20km/h。

❻ 隧道养护作业，根据表3-2-1中的最终限速值可降低10km/h或20km/h，但不宜小于20km/h。

## 3.3 | 公路养护作业控制区规定

### 3.3.1 警告区

警告区最小长度应符合表3-3-1和表3-3-2的规定，当交通服务量$Q$超出表中范围时，宜采取分流措施。

表 3-3-1 高速公路和一级公路警告区最小长度

| 公路等级 | 设计速度 /(km/h) | 交通服务量 $Q$/[pcu/(h·ln)] | 警告区最小长度 /m |
|---|---|---|---|
| 高速公路 | 120 | $Q \leqslant 1400$ | 1600 |
| | | $1400 < Q \leqslant 1800$ | 2000 |
| | 100 | $Q \leqslant 1400$ | 1500 |
| | | $1400 < Q \leqslant 1800$ | 1800 |
| | 80 | $Q \leqslant 1400$ | 1200 |
| | | $1400 < Q \leqslant 1800$ | 1600 |
| 一级公路 | 100、80、60 | $Q \leqslant 1400$ | 1000 |
| | | $1400 < Q \leqslant 1800$ | 1500 |

表 3-3-2　二至四级公路警告区最小长度

| 公路等级 | 设计速度 /(km/h) | 平曲线半径 /m | 下坡坡度 /% | 交通服务量 $Q$/[pcu/(h·ln)] | 警告区最小长度 /m | |
|---|---|---|---|---|---|---|
| | | | | | 封闭路肩双向通行 | 封闭车道交替通行 |
| 二级公路 | 80、60 | ≤ 200 | 0 ~ 3 | $Q \leqslant 300$ | 600 | 800 |
| | | | | $300 < Q \leqslant 700$ | | 1000 |
| | | | > 3 | $Q \leqslant 300$ | 800 | 1000 |
| | | | | $300 < Q \leqslant 700$ | | 1200 |
| | | > 200 | 0 ~ 3 | $Q \leqslant 300$ | 400 | 600 |
| | | | | $300 < Q \leqslant 700$ | | 800 |
| | | | > 3 | $Q \leqslant 300$ | 600 | 800 |
| | | | | $300 < Q \leqslant 700$ | | 1000 |
| 三级公路 | 40、30 | ≤ 100 | 0 ~ 4 | $Q \leqslant 300$ | 400 | 500 |
| | | | | $300 < Q \leqslant 700$ | | 700 |
| | | | > 4 | $Q \leqslant 300$ | 500 | 600 |
| | | | | $300 < Q \leqslant 700$ | | 800 |
| | | > 100 | 0 ~ 4 | $Q \leqslant 300$ | 300 | 400 |
| | | | | $300 < Q \leqslant 700$ | | 600 |
| | | | > 4 | $Q \leqslant 300$ | 400 | 500 |
| | | | | $300 < Q \leqslant 700$ | | 700 |
| 四级公路 | 20 | 无 | | | 200 | |

## 3.3.2　上游过渡区

封闭车道养护作业的上游过渡区最小长度应符合表 3-3-3 的规定，封闭路肩养护作业的上游过渡区长度不应小于表 3-3-3 中数值的 1/3。

表 3-3-3　封闭车道养护作业的上游过渡区最小长度　　　　单位：m

| 最终限速值 /(km/h) | 封闭车道宽度 | | | |
|---|---|---|---|---|
| | 3.0 | 3.25 | 3.5 | 3.75 |
| 80 | 150 | 160 | 170 | 190 |
| 70 | 120 | 130 | 140 | 160 |
| 60 | 80 | 90 | 100 | 120 |
| 50 | 70 | 80 | 90 | 100 |
| 40 | 30 | 35 | 40 | 50 |
| 30 | 20 | 25 | 30 | |
| 20 | 20 | | | |

### 3.3.3 缓冲区

缓冲区可分为纵向缓冲区和横向缓冲区，应符合下列规定。

❶ 纵向缓冲区最小长度应符合表3-3-4的规定。当工作区位于下坡路段时，纵向缓冲区的最小长度应适当延长。

❷ 在保障行车道宽度的前提下，工作区和纵向缓冲区与非封闭车道之间宜布置横向缓冲区，其宽度不宜大于0.5m。

表 3-3-4　纵向缓冲区最小长度

| 最终限速值 /(km/h) | 不同下坡坡度的纵向缓冲区最小长度 /m | |
| --- | --- | --- |
| | 坡度 ≤ 3% | 坡度 > 3% |
| 80 | 120 | 150 |
| 70 | 100 | 120 |
| 60 | 80 | 100 |
| 50 | 60 | 80 |
| 40 | 50 | |
| 30、20 | 30 | |

### 3.3.4　工作区、下游过渡区和终止区

❶ 工作区长度应符合下列规定。

a.除借用对向车道通行的高速公路和一级公路养护作业外，工作区最大长度不宜超过4km。

b.借用对向车道通行的高速公路和一级公路养护作业，工作区长度应根据中央分隔带开口间距和实际养护作业而定，工作区最大长度不宜超过6km。当中央分隔带开口间距大于3km时，工作区最大长度应为一个中央分隔带开口间距。

❷ 下游过渡区长度不宜小于30m。

❸ 终止区长度不宜小于30m。

# 第4章
# 公路养护安全设施

## 4.1 | 公路养护安全设施的分类及规定

公路养护安全设施包括临时标志、临时标线和其他安全设施，各类安全设施应组合使用。

临时标志应包括施工标志、限速标志等（表4-1-1），其使用应符合下列规定。

❶ 施工标志宜布设在警告区起点（图4-1-1）。

图 4-1-1　前方 1km 施工

❷ 限速标志宜布设在警告区的不同断面处。

❸ 解除限速标志宜布设在终止区末端。

❹ "载重车靠右停靠区"标志应用于控制大型载重汽车在特大桥、大桥和特殊结构桥梁上的通行。

表 4-1-1　典型安全设施示例

| 标志名称 | 标志图案 | 备注 |
|---|---|---|
| 施工标志 | | 按国标的样式及尺寸 |

续表

| 标志名称 | 标志图案 | 备注 |
|---|---|---|
| 施工距离标志 | <br>××m | 按国标的样式及尺寸，距离宜取警告区长度 |
| 施工长度标志 | <br>长度××m | 按国标的样式及尺寸，长度宜取缓冲区长度与工作区长度之和 |
| 慢行标志 | | 橙底黑图案，按国标的样式及尺寸 |
| 车道减少标志 | | 橙底黑图案，按国标的样式及尺寸 |
| 改道标志 | | 按国标的样式及尺寸 |
| 导向标志 | | 橙底黑图案，按国标的样式及尺寸 |

| 标志名称 | 标志图案 | 备注 |
|---|---|---|
| 出口指示标志 | 出口 ↗ | 按国标的样式及尺寸 |
| 重车靠右行驶标志 | 重车靠右行驶 | 长 × 宽 =1200mm × 400mm |
| 重车靠右停靠区标志 | 重车靠右停靠区 | 长 × 宽 =1200mm × 400mm |
| 限速标志 | 40 | 按国标的样式及尺寸 |
| 解除限速标志 | 40 | 按国标的样式及尺寸 |
| 禁止超车标志 | | 按国标的样式及尺寸 |
| 解除禁止超车标志 | | 按国标的样式及尺寸 |
| 减速让行标志 | 让 | 按国标的样式及尺寸 |

**图 4-1-2　导向交通标线为橙色实线**

临时标线应包括渠化交通标线和导向交通标线（表4-1-2），应用于长期养护作业的渠化交通标线或导向交通标线，宜为易清除的临时反光标线。渠化交通标线应为橙色虚、实线；导向交通标线应为醒目的橙色实线（图4-1-2）。

**表 4-1-2　临时标线**

| 标志名称 | 标志图案 | 备注 |
|---|---|---|
| 渠化交通标线 | | 按国标的样式及尺寸 |
| 导向交通标线 | | 按国标的样式及尺寸 |

**图 4-1-3　移动式标志车**

其他安全设施可包括车道渠化设施、夜间照明设施、夜间语音提示设施、闪光设施、临时交通控制信号设施、移动式标志车（图4-1-3）、移动式护栏和车载式防撞垫等（表4-1-3）。

**表 4-1-3　其他安全设施**

| 标志名称 | 标志图案 | 备注 |
|---|---|---|
| 交通桶 | ≥45<br>10<br>≥8<br>≥90<br>反光面 | 按国标的样式及尺寸 |

| 标志名称 | 标志图案 | 备注 |
|---|---|---|
| 交通柱 | | 按国标的样式及尺寸 |
| 交通锥 | | 按国标的样式及尺寸 |
| 带警示灯的交通锥 | | 按国标的样式及尺寸 |
| 防撞桶 | | 长×宽×高= 900mm× 540mm× 900mm |

续表

| 标志名称 | 标志图案 | 备注 |
|---|---|---|
| 高杆旗帜 | 距离地面至少2.4m | 按国标的样式及尺寸 |
| 防撞墙 | 900mm 1500mm 548mm | 长 × 宽 × 高 = 1500mm × 548mm × 900mm |
| 隔离墩 | | 长 × 宽 × 高 = 500mm × 400mm × 500mm，连接使用 |
| 附设警示灯的路栏 | | 按国标的样式及尺寸 |
| 水马 | | 红色或橙色等鲜明颜色 |

| 标志名称 | 标志图案 | 备注 |
|---|---|---|
| 夜间照明设施 | | 灯光照射半径 ＞30m |
| 夜间语音提示设施 | | 录音喇叭 |
| 闪光箭头 | 向右绕行<br><br>向右绕行<br><br>向两侧绕行<br><br>向右行驶 | 按国标的样式及尺寸 |
| 警示频闪灯 | | 黄色、蓝色相间闪光，可视距离 ≥150m |

续表

| 标志名称 | 标志图案 | 备注 |
|---|---|---|
| 车辆闪光灯 | | 360°旋转黄闪灯 |
| 临时交通控制信号设施 | | 间隔放行使用 |
| 移动式标志车 | 大1950mm、小1600mm、微1250mm<br>大800mm<br>小600mm<br>微400mm<br>公路<br>或<br> | 闪光箭头为黄色或橘黄色 |
| 移动式护栏 | | |
| 车载式防撞垫（防撞缓冲车） | | |

注：表内未注尺寸单位为 mm。

公路养护安全设施及交通引导人员示例符号见表4-1-4。

表 4-1-4 公路养护安全设施及交通引导人员符号

| 符号 | 符号名称 |
| --- | --- |
| | 养护安全设施通用符号 |
| | 附设警示灯的路栏专用符号 |
| | 交通锥或其他车道渠化设施专用符号 |
| | 收费站栏杆 |
| | 工作区专用符号 |
| | 交通引导人员专用符号 |
| | 移动作业车 |
| | 保护车辆 |

## 4.1.1 施工标志

施工标志和相关辅助标志设置于作业区。

作业区距离标志，用以预告距离作业区的长度，设置于警告区起点附近，辅助标志上的数字宜取警告区长度值 [ 图4-1-4（a）]。

作业区长度标志，用以预告作业路段长度，设置于缓冲区起点附近，辅助标志上的数字宜取缓冲区长度与工作区长度之和 [ 图4-1-4（b）]。

作业区结束标志，用以说明作业区结束位置，设置于终止区之后。

辅助标志上的数字应取整 [ 图4-1-4（c）]。

(a) 作业区距离标志　　　　(b) 作业区长度标志　　　　(c) 作业区结束标志

图 4-1-4　施工标志示例

### 4.1.2　车道数变少标志

根据作业区车道封闭情况，选择车道数变少标志图案，设置于警告区中点附近。

用于作业方向道路完全封闭、车辆借用对向车道或便道通行时［图4-1-5（a）］。

用于作业方向道路未完全封闭，一部分车辆借用对向车道通行，一部分车辆在原方向车道行驶的情况［图4-1-5（b）］。

用于作业方向道路完全封闭、车辆借用同向便道通行时［图4-1-5（c）］。

　　　（a）　　　　　　　　　（b）　　　　　　　　　（c）

图 4-1-5　车道数变少标志

### 4.1.3　橙色箭头标志

用以指示车辆离开作业区所在道路、绕过作业区返回到原路的绕行路径（图4-1-6）。橙色箭头附着于绕行路线沿线原有指路标志的支撑结构上，箭头指向绕行路线的方向。箭头的高度宜不小于所附着指路标志的字高。

图 4-1-6　橙色箭头标志

### 4.1.4　绕行标志

用以指示前方道路作业封闭的绕行路线。设置于作业封闭路段前方的交叉口前，用黑色箭头表示绕行路线（图4-1-7）。

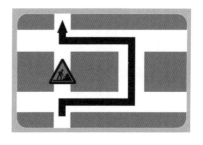

图 4-1-7　绕行标志

### 4.1.5　线形诱导标志

用以引导作业区行车方向，提示道路使用者前方线形（行驶方向）变化，注意谨慎驾驶。线形诱导标志（图4-1-8）设置于作业区线形（行驶方向）变化处，竖向线形诱导标志（图4-1-9）设置于作业区隔离设施端部、渠化设施端部等处。

图 4-1-8　线形诱导标志

图 4-1-9　竖向线形诱导标志

### 4.1.6　注意交通引导人员标志

用以告示前方有交通引导人员指挥作业区路段的交通，设置于交通引导人员之前至少100m处（图4-1-10）。

图 4-1-10　注意交通
引导人员标志

### 4.1.7　出口关闭标志

用以表示高速公路或城市快速路的出口因作业关闭的情况，宜附着于关闭出口的2km、1km、500m出口预告标志和出口标志上，字高不低于50cm。根据需要，可于关闭出口的前一个出口前增加设置，并以辅助标志说明关闭出口的名称或编号（图4-1-11）。

### 4.1.8 出口标志

当作业区影响驾驶人对出口的判断时，用以指示出口，可根据需要设置（图4-1-12）。字高不低于50cm。可以辅助标志说明出口的名称或编号。

图 4-1-11 出口关闭标志

图 4-1-12 出口标志

### 4.1.9 行人、非机动车通道标志

当作业区占用人行道、非机动车道时，用以指示临时的行人和非机动车绕行通道，设置于绕行通道前适当位置（图4-1-13）。

图 4-1-13 行人、非机动车通道标志

### 4.1.10 移动性作业标志

用以警告前方道路有作业车正在作业，车辆驾驶人应减速或变换车道行驶。移动性作业标志悬挂或安装于工程车或机械之后部，也可单独设置于移动作业区前。单独设置时标志边长不应小于100cm，下缘距离地面应不小于0.5m。

标志为橙色底、黑色图案，背面斜插色旗两面，如图4-1-14所示。移动性作业标志安装于工程车后面，如图4-1-15所示。

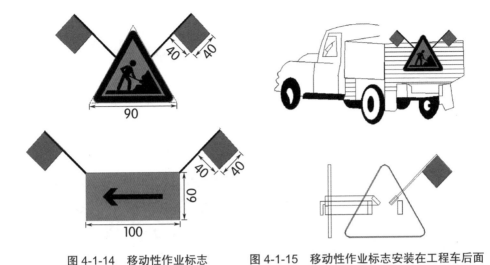

图 4-1-14　移动性作业标志　　　　图 4-1-15　移动性作业标志安装在工程车后面

## 4.2 | 车道渠化设施的分类及规定

车道渠化设施可包括交通锥、防撞桶、水马、防撞墙、隔离墩、附设警示灯的路栏等（参见表 4-1-3），其使用应符合下列规定。

❶ 交通锥形状、颜色和尺寸应符合现行《道路交通标志和标线》的有关规定，布设在上游过渡区、缓冲区、工作区和下游过渡区。布设间距不宜大于10m（图 4-2-1），其中上游过渡区和工作区布设间距不宜大于4m。

❷ 防撞桶（图 4-2-2）顶部可附设警示灯，可用于三级及三级以上公路下坡路段养护作业，宜布设在工作区或上游过渡区与缓冲区之间。使用前应灌水，灌水量不应小于其内部容积的90%。在冰冻季节，可采用灌砂的方法，灌砂量不应小于其内部容积的90%。

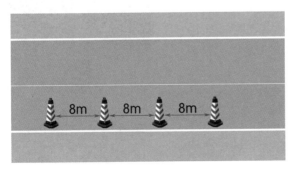

图 4-2-1　交通锥布设间距

图 4-2-2　防撞桶

❸ 水马（图4-2-3）的颜色应为橙色或红色，高度不得小于40cm，可用于三级及三级以上公路下坡路段养护作业，宜布设在工作区或上游过渡区与缓冲区之间。使用前应灌水，灌水量不应小于其内部容积的90%。在冰冻季节，可采用灌砂的方法，灌砂量不应小于其内部容积的90%。

❹ 防撞墙和施工隔离墩（图4-2-4）颜色应为黄、黑相间，可用于三级及三级以上公路下坡路段养护作业，宜布设在工作区或上游过渡区与缓冲区之间，并宜组合使用。

图 4-2-3　水马

图 4-2-4　施工隔离墩

❺ 附设警示灯的路栏颜色应为黄、黑相间，宜布设在工作区或上游过渡区与缓冲区之间。

## 4.3 ｜ 夜间照明设施和夜间语音提示设施

夜间照明设施和夜间语音提示设施（参见表4-1-3）可用于夜间养护作业，其使用应符合下列规定。

❶ 夜间照明设施应布设在工作区侧面，照明方向应背对非封闭车道（图4-3-1）。

❷ 夜间语音提示设施宜根据需要布设在远离居民生活区的养护作业控制区。

## 4.4 ｜ 闪光设施

闪光设施可包括闪光箭头、警示频闪灯和车辆闪光灯（参见表4-1-3）。

❶ 闪光箭头宜布设在上游过渡区（图4-4-1）。

图 4-3-1　夜间照明设施

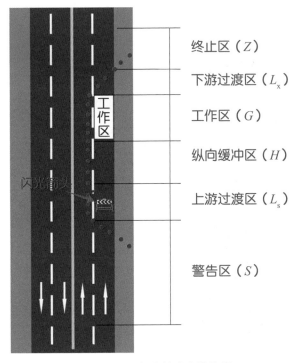

**图 4-4-1　闪光箭头布设位置**

❷ 警示频闪灯宜布设在需加强警示的区域，宜为黄、蓝相间的警示频闪灯（图4-4-2）。

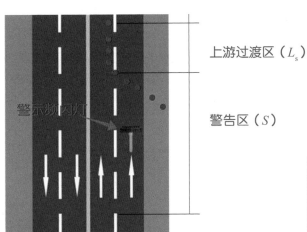

**图 4-4-2　警示频闪灯布设位置**

扫一扫
视频精讲

❸ 车辆闪光灯应为360° 旋转黄闪灯，可用于养护作业车辆或移动式标志车。临时交通控制信号设施灯光颜色应为红、绿两种（参见表4-1-3），可交替

发光，用于双向交替通行的养护作业，宜布设在上游过渡区和下游过渡区（图4-4-3）。

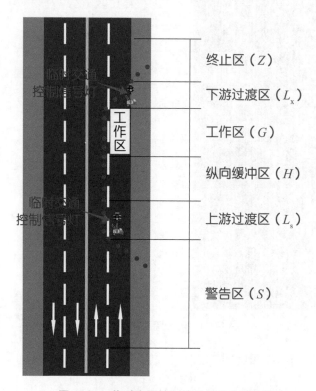

**图 4-4-3　临时交通控制信号灯光布设位置**

终止区（$Z$）

下游过渡区（$L_x$）

工作区（$G$）

纵向缓冲区（$H$）

上游过渡区（$L_s$）

警告区（$S$）

## 4.5 | 移动式设施

移动式标志车颜色应为黄色，顶部应安装黄色警示灯，后部应安装标志灯牌（参见表4-1-3），可用于临时养护作业或移动养护作业。

移动式护栏（参见表4-1-3）应符合现行《公路交通安全设施设计规范》中的有关防护等级规定，可用于三级及三级以上公路下坡路段养护作业。

车载式防撞垫，可安装在养护作业车辆或移动式标志车尾部（图4-5-1）。

**图 4-5-1　车载式防撞垫**

# 第5章
# 高速公路和一级公路养护作业控制区

## 5.1 | 一般规定

### 5.1.1 养护作业控制区布置的规定

高速公路和一级公路养护作业控制区布置应考虑养护作业的内容与要求、时间和周期、交通量、经济效益等因素，控制区内交通标志的布设必须合理、前后协调，起到引导车流平稳变化的作用。

养护作业控制区两侧应差异化布设安全设施，并应符合下列规定。

❶ 进行车道养护作业时，在封闭车道一侧的警告区应布设施工标志和限速标志，在非封闭车道一侧的警告区应布设施工标志，并宜布设警示频闪灯。八车道及以上公路，在非封闭车道一侧的警告区还应增设限速标志。

❷ 进行路肩养护作业时，在封闭路肩一侧的警告区应布设施工标志和限速标志，另一侧仅在警告区起点布设施工标志。

同一行车方向不同断面同时进行养护作业时，相邻两个工作区净距不宜小于5km。

封闭车道养护作业控制区与被借用车道上的养护作业控制区净距不宜小于10km。

养护作业控制区应设置工程车辆专门的出、入口，并宜设在顺行车方向的下游过渡区内。当工程车辆需经上游过渡区或工作区进入时，应布设警告标志并配备交通引导人员。

### 5.1.2　作业区交通标志的规定

除移动作业区外，作业区还应根据实际交通组织设置作业区交通标志：

❶ 警告区起点应设置作业区距离标志，预告作业区位置；

❷ 作业区车道数减少时，应设置车道数变少标志；

❸ 作业区借用对向车道或便道通行时，应设置改道标志；

❹ 上游过渡区内，应根据实际情况设置线形诱导标志或可变箭头信号；

❺ 作业区较长时，缓冲区起点宜设置作业区长度标志；

❻ 工作区前应设置路栏；

❼ 终止区末端宜设置作业区结束标志；

❽ 需要绕行其他道路的作业区交通组织，应设置橙色箭头或绕行标志；

❾ 根据实际需要设置其他作业区标志；

❿ 临时作业区可根据实际情况缩短作业区距离标志与上游过渡区的距离，并简化车道数变少标志、改道标志、作业区长度标志、作业区结束标志的设置。

在上游过渡区的起点前应设置限速标志，在缓冲区和工作区可根据需要重复设置；终止区末端对作业区的速度限制应予以解除；原路段限速值与作业区限速值差值较大时，宜进行限速过渡（图5-1-1）。

位于交叉口的作业区、临时作业区和移动作业区可简化限速标志设置。

无中间带路段内侧车道的作业区和借用对向车道组织交通的作业区，对向应设置作业区交通标志、标线及其他设施。

长期作业区，已有交通标志和标线适用于道路作业期间交通通行时，应予以保留并维持整个作业期内其良好状态；已有交通标志和标线与作业期间交通组织冲突时，应予以去除或遮挡。

对于移动作业区，应在移动作业车上安装移动性作业标志或可变箭头信号，并宜配备交通引导人员或在移动作业车后方设置安装有移动性作业标志或可变箭头信号的保护车辆，也可在移动作业车上配备车载防撞垫。

作业区夜间宜设置照明或主动发光标志，除移动作业区外，同时应设置施工警告灯。施工警告灯应设置在路栏顶部，同时宜设置在渠化设施的顶部，也可同时设置在围绕工作区的其他设施上。设置间距不宜大于20m，高度宜为1.2m且不应低于1.0m。

作业区附近存在隧道、急弯、陡坡、铁路道口、视线不良等路段时，应根据实际情况增设相应的标志。

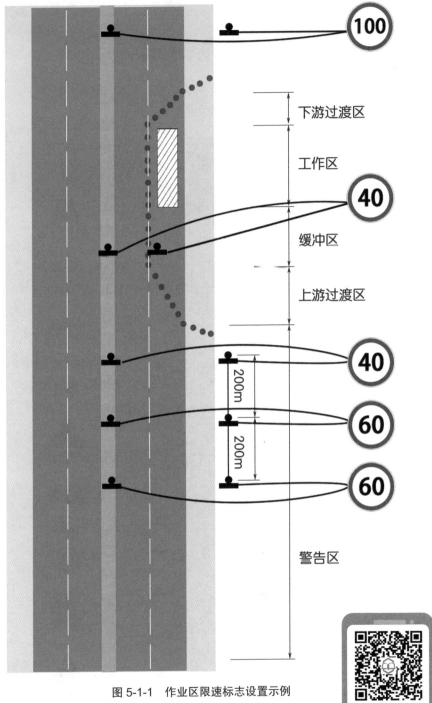

图 5-1-1　作业区限速标志设置示例

㊵为作业区限速值；㊿和㊻为限速过渡值；

⑩为原路段限速值，也可用㊵

扫一扫
视频精讲

# 5.2 | 养护作业控制区布置

## 5.2.1 四车道高速公路和一级公路养护作业

四车道高速公路和一级公路封闭内侧车道借用路肩的养护作业，以设计速度100km/h为例，作业控制区布置示例如图5-2-1所示。

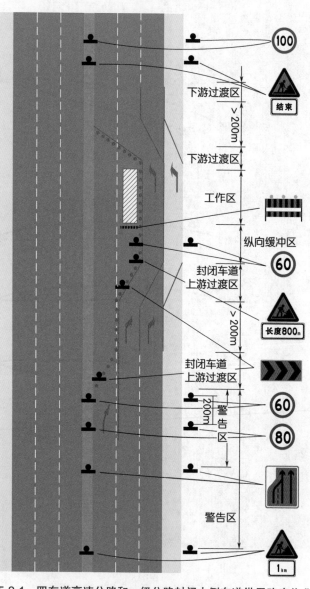

图 5-2-1　四车道高速公路和一级公路封闭内侧车道借用路肩作业

控制区布置示例（以设计速度 100km/h 为例）

❶ 警告区起点应设置作业区距离标志，预告作业区位置。

❷ 警告区中点附近应设置车道数变少标志。

❸ 应利用塑料注水（砂）隔离栏（或交通锥、交通桶、交通柱，有条件时可用活动护栏）将上游过渡区、缓冲区、工作区及下游过渡区围起。

❹ 可以利用硬路肩增辟一条车道。

❺ 上游过渡区、缓冲区、工作区及下游过渡区施划禁止跨越同向车行道分界线，标明供车辆通行的车道和封闭交通范围。禁止跨越同向车行道分界线向上游过渡区前方和下游过渡区后方延伸一段距离，禁止车辆变换车道。配合车行道分界线设置导向箭头引导车辆行驶方向。

❻ 上游过渡区的起点前应设置作业区限速标志，在上游过渡区之前完成限速过渡。

❼ 上游过渡区内，应根据车辆行驶方向设置线形诱导标志或可变箭头信号。

扫一扫
视频精讲

❽ 缓冲区起点宜设置作业区长度标志，预告作业区长度。

❾ 缓冲区重复设置作业区限速标志。

❿ 工作区前端设置路栏。

⓫ 终止区末端宜设置作业区结束标志，说明作业区结束位置。

⓬ 终止区末端应设置限速标志，限速值为该路段的原限速值。

四车道高速公路和一级公路封闭外侧车道养护及路肩养护作业时，作业控制区布置示例如图5-2-2和图5-2-3所示。

❶ 警告区起点应设置作业区距离标志，预告作业区位置。

❷ 警告区中点附近应设置车道数变少标志。

❸ 应利用塑料注水（砂）隔离栏（或交通锥、交通桶、交通柱，有条件时可用活动护栏）将上游过渡区、缓冲区、工作区及下游过渡区围起。

❹ 上游过渡区的合流点前方施划禁止跨越同向车行道分界线，与原有标线构成虚实线，提示作业占用车道上的车辆尽快合流，非作业占用车道上的车辆禁止变换车道。配合禁止跨越同向车行道分界线设置导向箭头引导车辆合流。

❺ 上游过渡区的起点前应设置作业区限速标志，在上游过渡区之前完成限速过渡。

❻ 上游过渡区内，应根据车辆行驶方向设置线形诱导标志或可变箭头信号。

❼ 缓冲区起点设置作业区长度标志，预告作业区长度。

❽ 缓冲区重复设置作业区限速标志。

❾ 工作区前端设置路栏。

❿ 终止区末端宜设置作业区结束标志，说明作业区结束位置。

⓫ 终止区末端应设置限速标志，限速值为该路段的原限速值。

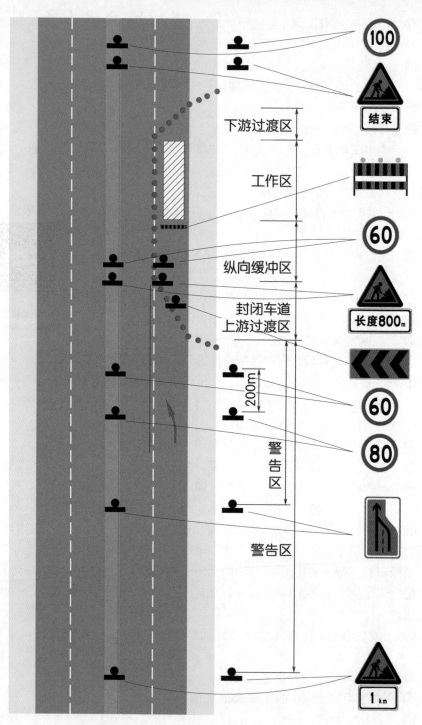

图 5-2-2　四车道高速公路和一级公路封闭外侧车道养护作业控制区布置示例

（以设计速度 100km/h 为例）

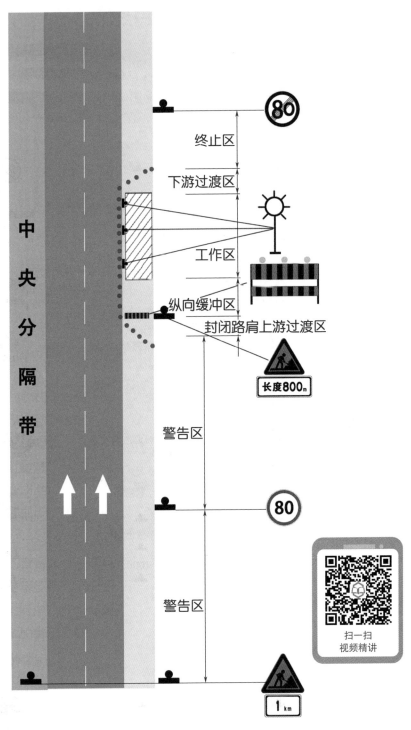

中 央 分 隔 带

终止区

下游过渡区

工作区

纵向缓冲区

封闭路肩上游过渡区

80

长度800m

警告区

80

警告区

1 km

图 5-2-3　四车道高速公路和一级公路封闭路肩养护作业控制区布置示例

（以设计速度 100km/h 为例）

### 5.2.2　六车道及以上高速公路和一级公路养护作业

六车道及以上高速公路和一级公路养护作业封闭中间车道时，宜同时封闭相邻一侧车道，并应布置两个上游过渡区，其最小间距不应小于200m。在交通量大的路段进行养护作业，不能同时封闭相邻车道时，宜采取必要措施加强现场交通管控。以设计速度120km/h为例，作业控制区布置示例如图5-2-4 ～图5-2-6所示。

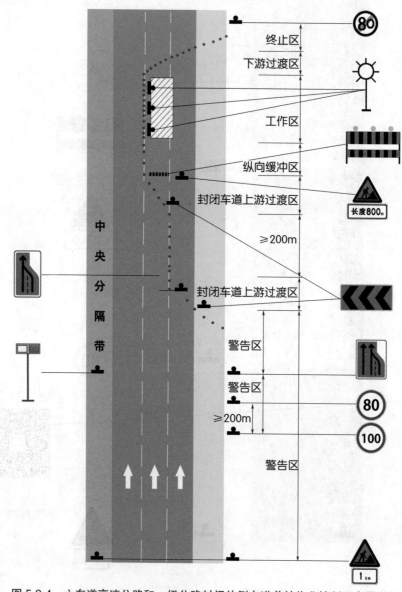

图 5-2-4　六车道高速公路和一级公路封闭外侧车道养护作业控制区布置示例

（以设计速度 120km/h 为例）

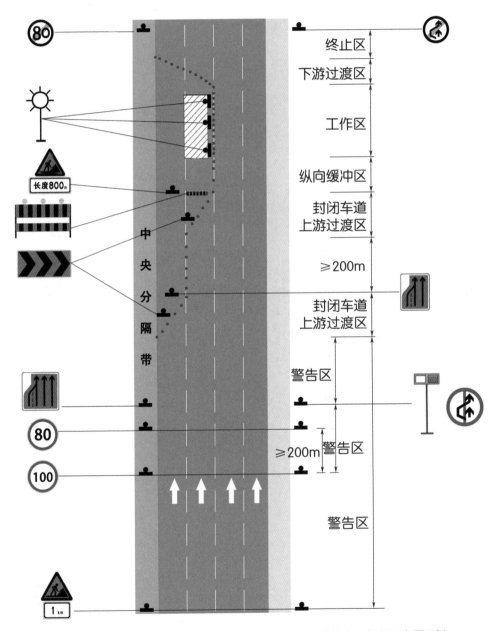

图 5-2-5 八车道高速公路和一级公路封闭内侧车道养护作业控制区布置示例

（以设计速度 120km/h 为例）

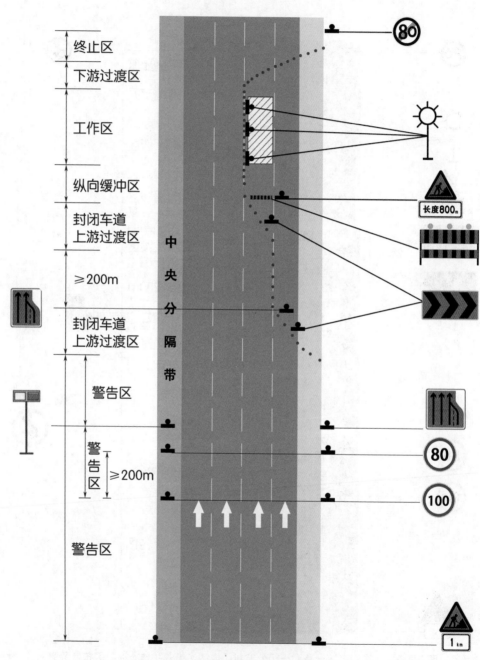

图 5-2-6 八车道高速公路和一级公路封闭外侧车道养护作业控制区布置示例

（以设计速度 120km/h 为例）

六车道高速公路封闭内侧两个车道作业时，作业控制区布置示例如图5-2-7所示。

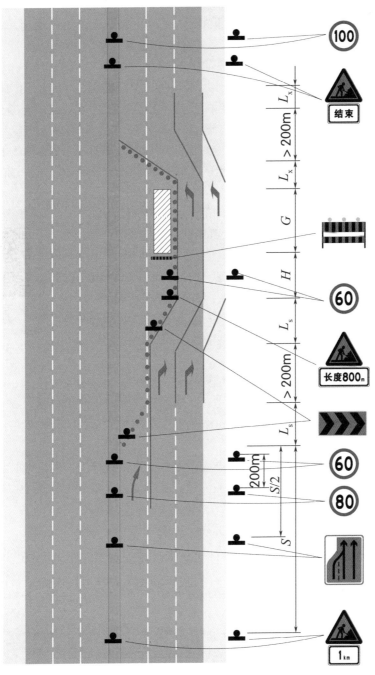

图 5-2-7　六车道高速公路封闭内侧两车道借用路肩作业控制区布置示例

（以设计速度 100km/h 为例）

❶ 警告区起点应设置作业区距离标志，预告作业区位置。

❷ 警告区中点附近设置车道数变少标志。

❸ 应利用塑料注水（砂）隔离栏（或交通锥、交通桶、交通柱，有条件时可用活动护栏）将上游过渡区、缓冲区、工作区及下游过渡区围起。宜在每条封闭的车道设置上游过渡区。

❹ 可以利用硬路肩增辟一条车道。

❺ 上游过渡区、缓冲区、工作区及下游过渡区施划禁止跨越同向车行道分界线，标明供车辆通行的车道和封闭交通范围。禁止跨越同向车行道分界线向上游过渡区前方和下游过渡区后方延伸一段距离，禁止车辆变换车道。

❻ 上游过渡区的合流点前方施划禁止跨越同向车行道分界线，与原有标线构成虚实线，提示作业占用车道上的车辆尽快合流，非作业占用车道上的车辆禁止变换车道。

❼ 配合车行道分界线设置导向箭头，引导车辆行驶方向。

❽ 上游过渡区的起点前应设置作业区限速标志，在上游过渡区之前完成限速过渡。

❾ 上游过渡区内，应根据车辆行驶方向设置线形诱导标志或可变箭头信号。

扫一扫
视频精讲

❿ 缓冲区起点设置作业区长度标志，预告作业区长度。

⓫ 缓冲区重复设置作业区限速标志。

⓬ 工作区前端设置路栏。

⓭ 终止区末端宜设置作业区结束标志，说明作业区结束位置。

⓮ 终止区末端应设置限速标志，限速值为该路段的原限速值。

六车道高速公路封闭一个方向作业借用对向车道通行时，作业控制区布置示例如图5-2-8和图5-2-9所示。

❶ 封闭方向及对向警告区起点应设置作业区距离标志，预告作业区位置。

❷ 封闭方向警告区中点附近应设置改道标志图，对向警告区中点附近应设置车道数变少标志。

❸ 应利用塑料注水（砂）隔离栏（或交通锥、交通桶、交通柱，有条件时可用活动护栏）将封闭方向的上游过渡区、下游过渡区围起。宜在每条封闭车道设置上游过渡区。

❹ 利用渠化设施围起对向上游过渡区和对向缓冲区，若有条件可使用活动护栏。

❺ 双向交通流路段宜使用活动护栏分隔。

❻ 上游过渡区的合流点前方施划禁止跨越同向车行道分界线，与原有标线构成虚实线，提示作业占用车道上的车辆尽快合流，非占用车道上的车辆禁止变换车道。配合设置导向箭头引导车辆合流、指示行驶方向。

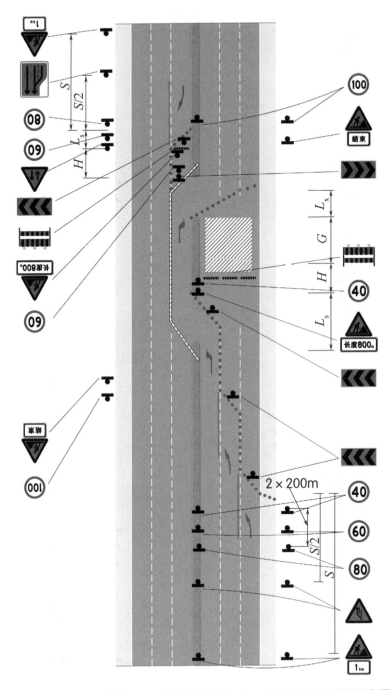

图 5-2-8　六车道高速公路封闭一个方向作业借用对向一车道通行作业控制区布置示例

（以设计速度 100km/h 为例）

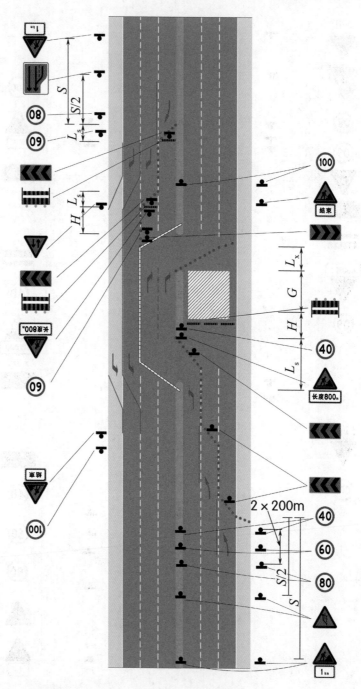

图 5-2-9　六车道高速公路封闭一个方向作业借用对向两车道通行作业控制区布置示例

（以设计速度 100km/h 为例）

❼ 对向上游过渡区起点附近设置双向交通标志。

❽ 封闭方向及对向上游过渡区的起点前应设置作业区限速标志，在上游过渡区之前完成限速过渡。

❾ 封闭方向及对向上游过渡区内，应根据车辆行驶方向设置线形诱导标志或可变箭头信号。

❿ 封闭方向及对向缓冲区起点设置作业区长度标志，预告作业区长度。

⓫ 封闭方向及对向缓冲区重复设置作业区限速标志。

⓬ 工作区前端及对向缓冲区开始端设置路栏。

⓭ 在借用的对向车道结束端设置线形诱导标志或可变箭头信号及导向箭头指引车辆驶回原车道。

⓮ 封闭方向及对向终止区末端宜设置作业区结束标志，说明作业区结束位置。

⓯ 封闭方向及对向终止区末端应设置限速标志，限速值为该路段的原限速值。

六车道高速公路封闭一个方向作业借用同向便道通行时，作业控制区布置示例如图5-2-10所示。

❶ 封闭方向警告区起点应设置作业区距离标志，预告作业区位置。

❷ 封闭方向警告区中点附近应设置改道标志图。

❸ 应利用塑料注水（砂）隔离栏（或交通锥、交通桶、交通柱，有条件时可用活动护栏）将封闭方向的上游过渡区、下游过渡区围起。宜在每条封闭车道设置上游过渡区。

❹ 上游过渡区的合流点前方施划禁止跨越同向车行道分界线，与原有标线构成虚实线，提示作业占用车道上的车辆尽快合流，非占用车道上的车辆禁止变换车道。配合设置导向箭头引导车辆合流、指示行驶方向。

❺ 封闭方向上游过渡区的起点前应设置作业区限速标志，在上游过渡区之前完成限速过渡。

❻ 封闭方向上游过渡区内，应根据车辆行驶方向设置线形诱导标志或可变箭头信号。

❼ 便道起点附近宜设置作业区长度标志预告作业区长度，重复设置作业区限速标志。

❽ 终止区末端宜设置作业区结束标志，说明作业区结束位置。

❾ 终止区末端应设置限速标志，限速值为该路段的原限速值。

扫一扫
视频精讲

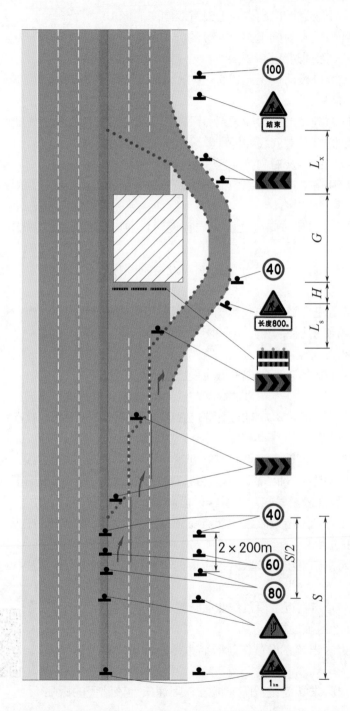

图 5-2-10  六车道高速公路封闭一个方向作业借用同向便道通行作业控制区布置示例

（以设计速度 100km/h 为例）

### 5.2.3 借用对向车道通行的养护作业

借用对向车道通行的养护作业，应结合中央分隔带开口位置，利用靠近养护作业一侧的车道通行，双向车道都应布置作业控制区。借用车道双向通行分隔宜采用带有连接的车道渠化设施，并应在前一出口或平面交叉口布设长大车辆绕行标志。以设计速度100km/h为例，作业控制区布置示例如图5-2-11所示。

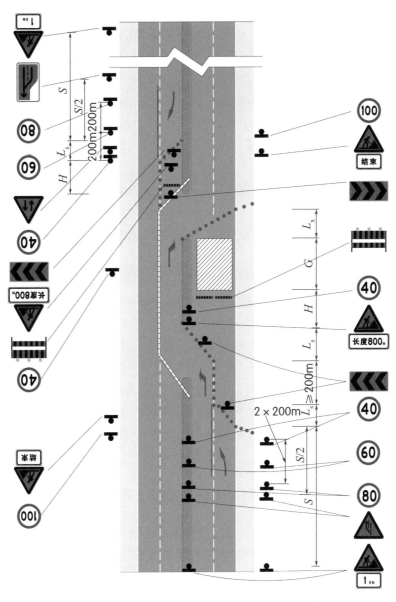

图 5-2-11  四车道高速公路和一级公路封闭一个方向交通借用对向车道
通行作业控制区布置示例（以设计速度 100km/h 为例）

❶ 封闭方向及对向警告区起点应设置作业区距离标志，预告作业区位置。

❷ 封闭方向警告区中点附近应设置改道标志图，对向警告区中点附近应设置车道数变少标志。

❸ 应利用塑料注水（砂）隔离栏（或交通锥、交通桶、交通柱，有条件时可用活动护栏）将封闭方向的上游过渡区、下游过渡区围起，宜在每条封闭车道设置上游过渡区。

❹ 利用渠化设施围起对向上游过渡区和对向缓冲区，若有条件可使用活动护栏。

❺ 双向交通流路段宜使用活动护栏分隔。

❻ 上游过渡区的合流点前方宜施划禁止跨越同向车行道分界线，与原有标线构成虚实线，提示作业占用车道上的车辆尽快合流，非占用车道上的车辆禁止变换车道，配合设置导向箭头引导车辆合流、指示行驶方向。

❼ 对向上游过渡区起点附近设置双向交通标志。

❽ 封闭方向及对向上游过渡区的起点前应设置作业区限速标志，在上游过渡区之前完成限速过渡。

❾ 封闭方向及对向上游过渡区内，应根据车辆行驶方向设置线形诱导标志或可变箭头信号。

❿ 封闭方向及对向缓冲区起点设置作业区长度标志，预告作业区长度。

⓫ 封闭方向及对向缓冲区重复设置作业区限速标志。

⓬ 工作区前端设置路栏。

⓭ 在借用的对向车道结束端设置线形诱导标志或可变箭头信号及导向箭头，指引车辆驶回原车道。

⓮ 封闭方向及对向终止区末端宜设置作业区结束标志，说明作业区结束位置。

⓯ 封闭方向及对向终止区末端应设置限速标志，限速值为该路段的原限速值。

### 5.2.4 立交出、入口匝道附近及匝道上养护作业

立交出、入口匝道附近及匝道上养护作业控制区布置，应根据工作区在匝道上的具体位置而定。匝道养护作业警告区长度不宜小于300m。当匝道长度小于警告区最小长度时，作业控制区最前端的交通标志应布设在匝道入口处。以设计速度100km/h为例，作业控制区布置示例如图5-2-12～图5-2-16所示。

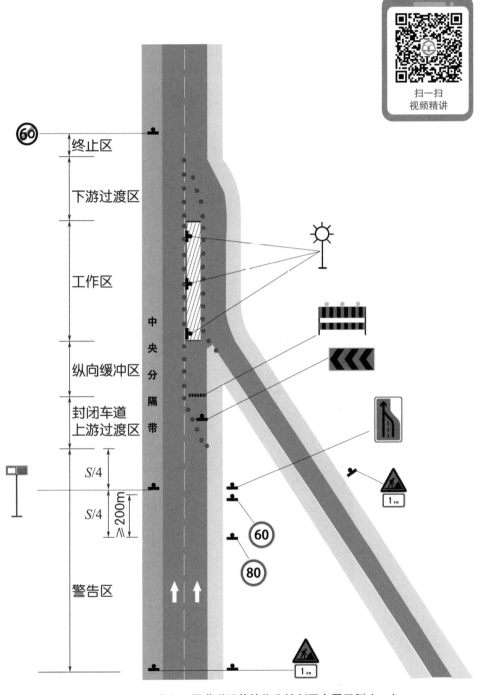

图 5-2-12 立交入口匝道附近养护作业控制区布置示例（一）

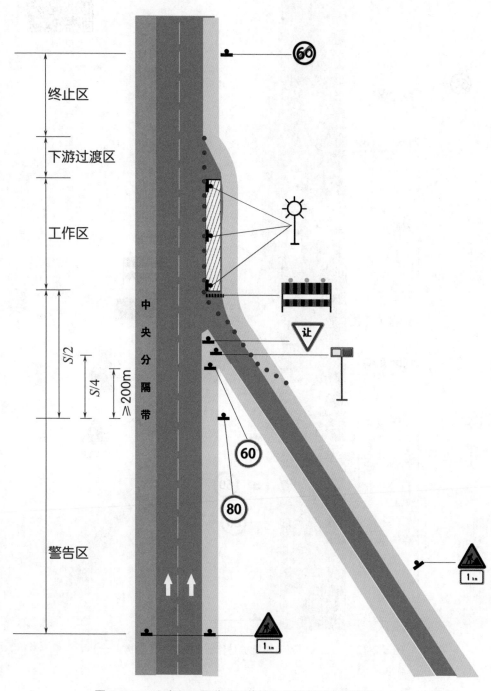

图 5-2-13 立交入口匝道附近养护作业控制区布置示例（二）

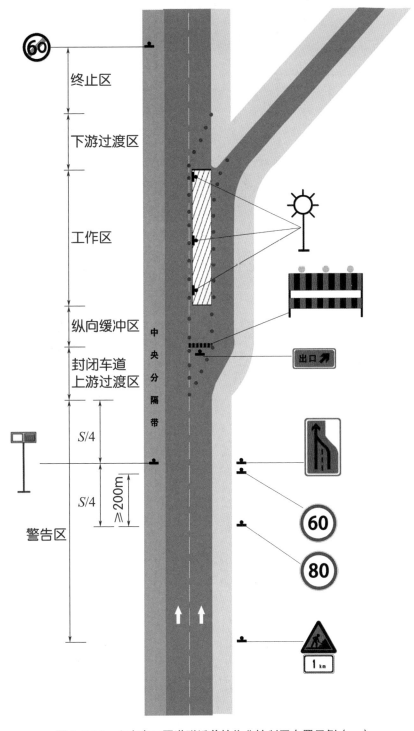

图 5-2-14 立交出口匝道附近养护作业控制区布置示例（一）

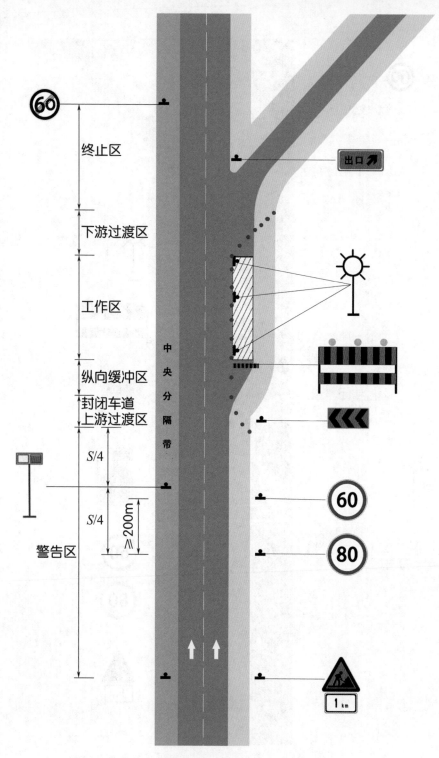

图 5-2-15 立交出口匝道附近养护作业控制区布置示例（二）

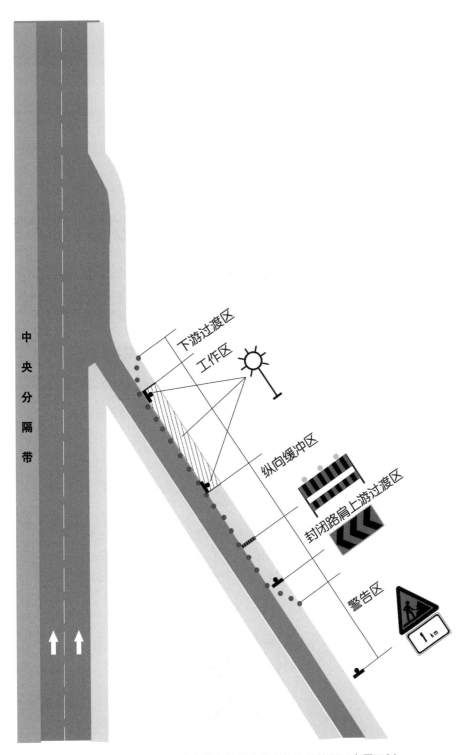

图 5-2-16　立交匝道单车道上封闭路肩养护作业控制区布置示例

### 5.2.5 中间车道作业

中间车道作业时，应符合以下规定：

❶ 一般情况下应封闭作业车道及两侧车道中的一条；

❷ 交通量大、封闭两条车道会发生严重拥堵的情况时，经交通工程论证后，可只封闭作业车道，但应在道路作业区上游设置前置缓冲区（图5-2-17）。

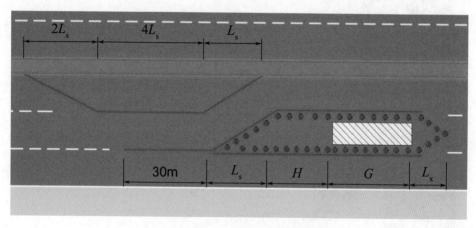

图 5-2-17　前置缓冲区设置示例

## 5.2.6　临时养护作业控制区布置

临时养护作业控制区布置可采用单一限速控制，警告区长度宜取长、短期养护作业警告区长度的一半，但应配备交通引导人员，当布设移动式标志车时，可不布设上游过渡区。以设计速度100km/h为例，作业控制区布置示例如图5-2-18和图5-2-19所示。

扫一扫
视频精讲

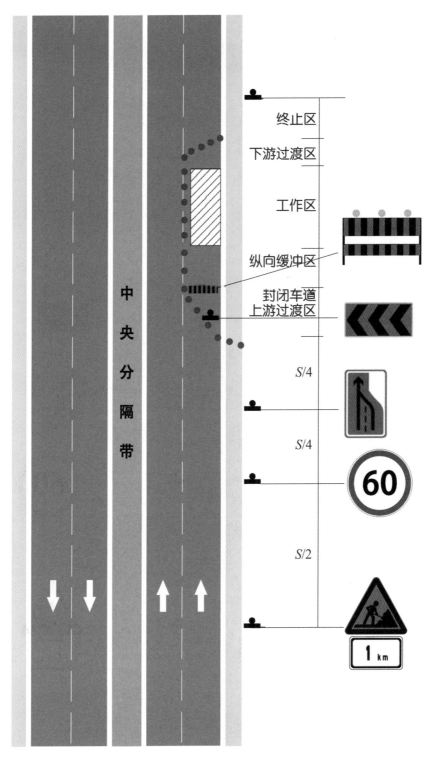

图 5-2-18 高速公路和一级公路临时养护作业控制区布置示例

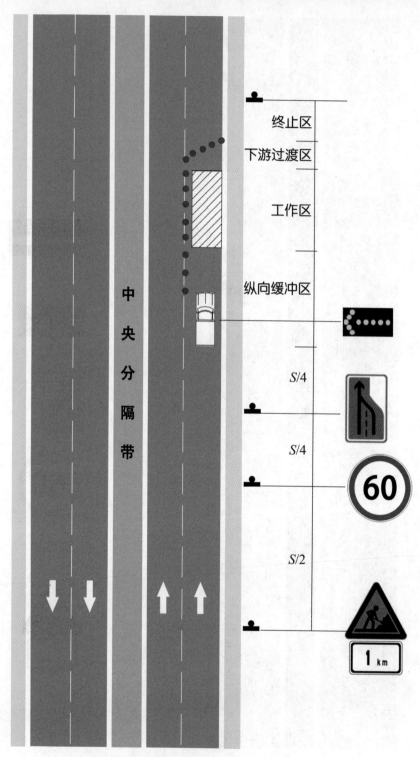

图 5-2-19 高速公路和一级公路布设移动式标志车的临时养护作业控制区布置示例

### 5.2.7　机械移动养护作业

机械移动养护作业宜布设移动式标志车；当作业机械配备闪光箭头或车辆闪光灯时，可不布设移动式标志车。高速公路和一级公路机械移动养护作业控制区布置示例如图5-2-20所示。

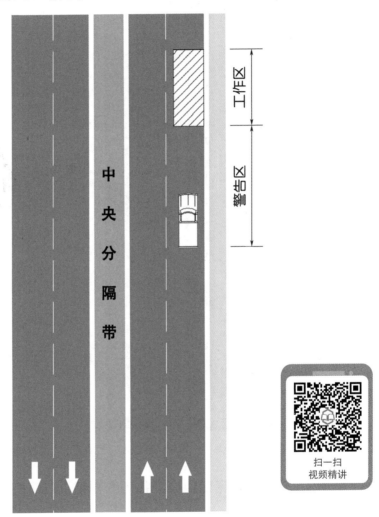

**图 5-2-20　高速公路和一级公路机械移动养护作业控制区布置示例**

### 5.2.8　占用路面进行人工移动养护作业

当占用路面进行人工移动养护作业时，宜封闭一定范围的养护作业区域，并按临时养护作业的有关规定执行。对于路肩清扫等人工移动养护作业，宜布设移动式标志或交通锥，其距人工移动养护作业起点不宜小于150m。人工移动养护作业应避开高峰时段。高速公路和一级公路路肩人工移动养护作业控制区布置示例如图5-2-21所示。

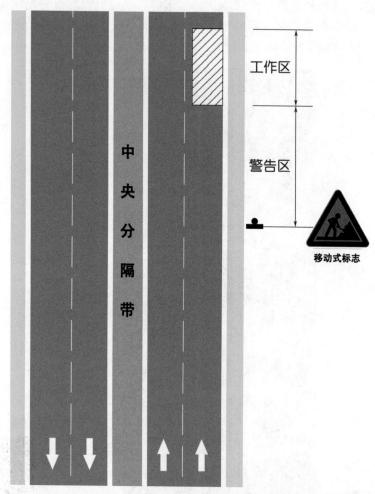

图 5-2-21  高速公路和一级公路路肩人工移动养护作业控制区布置示例

### 5.2.9  中央分隔带或边坡绿化内的植被灌溉养护作业

中央分隔带或边坡绿化内的植被灌溉养护作业，应在灌溉车辆上配备醒目的闪光箭头或车辆闪光灯，也可在灌溉车辆后布设移动式标志车。作业人员不得在中央分隔带内休息，且中央分隔带中不宜多人集中作业。

### 5.2.10  中央分隔带绿化内的植被修剪、垃圾清理等养护作业

中央分隔带绿化内的植被修剪、垃圾清理等养护作业，应封闭靠近中央分隔带的内侧车道，并按临时养护作业控制区布置。

## 5.2.11 因作业区道路封闭时的布置

在封闭路段两端应设置路栏。高速公路封闭路段的前一出口的主线处、进入封闭路段的入口匝道前均应设置路栏，路栏与主线或匝道宽度相同。

应在封闭路段前的交叉口或互通立交出口处设置橙色箭头，指引车辆离开；应在绕行路线沿线设置橙色箭头；在封闭路段后的交叉口或互通立交入口处设置橙色箭头，指引车辆驶回（图5-2-22）。

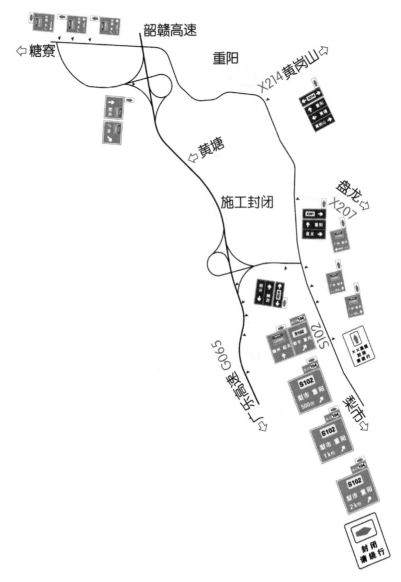

图 5-2-22　高速公路施工封闭路段绕行路径指示示例

（仅以广乐高速至韶赣高速方向的橙色箭头设置为例）

相关的"入口预告标志""出口预告标志""出口标志""出口地点方向标志""交叉口指路标志"和"绕行路线沿线指路标志"上均应附着橙色箭头。

宜利用公路信息发布系统发布路段封闭信息。

### 5.2.12 作业区位于加速车道

在高速公路和一级公路入口加速车道作业时，要求如下。

❶ 利用塑料注水（砂）隔离栏（或交通锥、交通桶、交通柱，有条件时可用活动护栏）将上游过渡区、缓冲区、工作区围起，渠化设施应设置至加速车道终点处。上游过渡区向匝道内延伸。

❷ 为匝道车辆服务的标志设置：

a.匝道上应设置作业区距离标志，如果警告区的最小长度大于匝道长度，作业区距离标志应设置于匝道起点附近；

b.上游过渡区起点前应设置作业区限速标志；

c.上游过渡区内，应根据车辆行驶方向设置线形诱导标志或可变箭头信号；

d.工作区前端设置路栏；

e.应在汇流点前适当位置设置停车/减速让行标志和标线，可封闭汇流点附近部分相邻车道，此时可不设置停车/减速让行标志和标线。

❸ 为主线车辆服务的标志设置：

a.加速车道上游主线路段应设置作业区距离标志；

b.汇流点附近相邻车道封闭时，主线警告区中点附近应设置车道数变少标志；

c.在汇流鼻前完成限速过渡，设置作业区限速标志。

❹ 终止区末端宜设置作业区结束标志；应设置限速标志，限速值为该路段的原限速值。

匝道上应设置作业区距离标志，如果警告区的最小长度大于匝道长度，作业区距离标志应设置于匝道起点附近。

作业区的上游过渡区应延长至匝道内，并应在汇流点前适当位置设置停车/减速让行标志和标线。下游过渡区可不设置，渠化设施应设置至加速车道终点处（图5-2-23）。

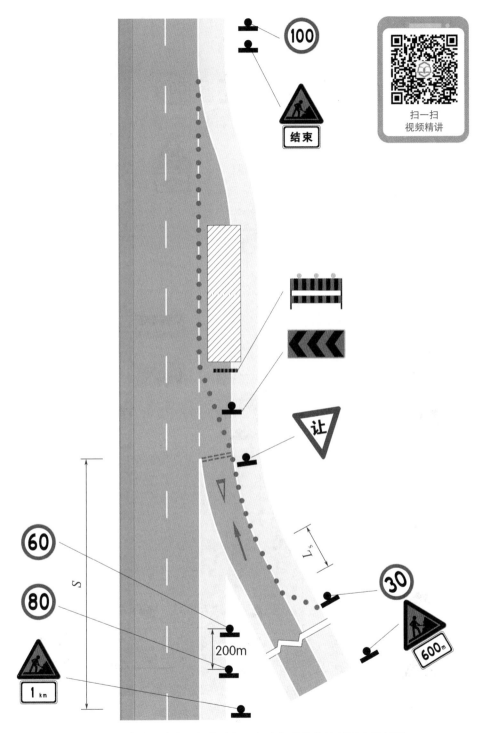

扫一扫
视频精讲

图 5-2-23　高速公路和一级公路入口加速车道作业控制区布置示例

（以设计速度 100km/h 为例）（一）

必要时可封闭汇流点附近部分相邻车道（图5-2-24）。封闭相邻车道时，汇流点前可不设置停车/减速让行标志和标线。

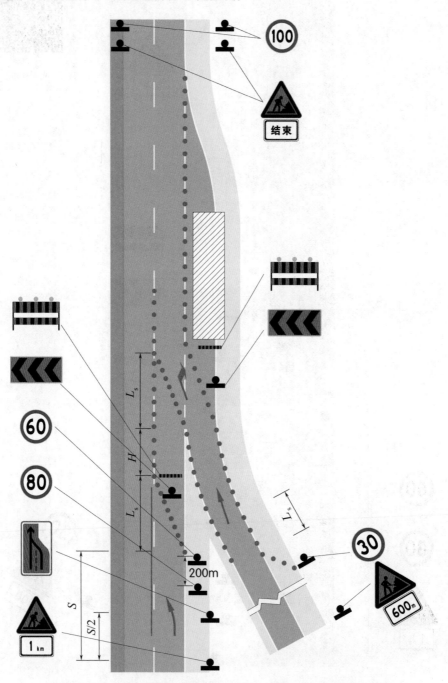

图 5-2-24 高速公路和一级公路入口加速车道作业控制区布置示例

（以设计速度 100km/h 为例）（二）

## 5.2.13　作业区位于减速车道

高速公路和一级公路出口减速车道作业时，作业控制区布置示例如图5-2-25所示。

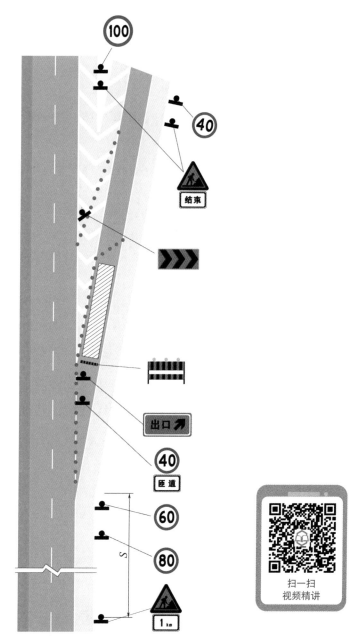

图 5-2-25　高速公路和一级公路出口减速车道作业控制区布置示例

（以设计速度 100km/h 为例）

❶ 利用塑料注水（砂）隔离栏（或交通锥、交通桶、交通柱，有条件时可用活动护栏）将上游过渡区、缓冲区、工作区、下游过渡区围起。上游过渡区应起始于渐变段的起点附近，缓冲区和上游过渡区的渠化设施与主线车道平行设置。

❷ 利用减速车道分流点与分流鼻之间的空间，使用渠化设施开辟出车辆驶出的通道。

❸ 从渐变段的起点开始设置警告区，警告区起点附近设置作业区距离标志。

❹ 渐变段起点前应设置作业区限速标志，并在渐变段起点前完成限速过渡。

❺ 在车辆驶出车道前方设置出口标志和限速标志，限速值可根据需要在作业区限速值的基础上适当下调。

❻ 工作区前端设置路栏。

❼ 根据车辆行驶方向设置线形诱导标志或可变箭头信号。

❽ 主线分流鼻后方及作业区终止区后方宜设置作业区结束标志；应设置限速标志，限速值为该路段的原限速值。

作业区距离标志应设置在渐变段起点前。

作业区可能影响驾驶人对出口的判断时，应增设作业区出口标志。

上游过渡区应起始于渐变段的起点附近，可根据实际情况缩减上游过渡区和缓冲区的长度。

### 5.2.14 高速公路和一级公路出口匝道作业区布置

高速公路和一级公路出口匝道路段作业时，作业控制区布置示例如图5-2-26所示。

❶ 应利用塑料注水（砂）隔离栏（或交通锥、交通桶、交通柱，有条件时可用活动护栏）将上游过渡区、缓冲区、工作区及下游过渡区围起。

❷ 主线渐变段起点附近设置施工标志。

❸ 上游过渡区的起点前应设置作业区限速标志。

❹ 上游过渡区内，应根据车辆行驶方向设置线形诱导标志或可变箭头信号。

❺ 工作区前端设置路栏。

❻ 终止区末端宜设置作业区结束标志。

❼ 终止区末端应设置限速标志，限速值为该路段的原限速值。

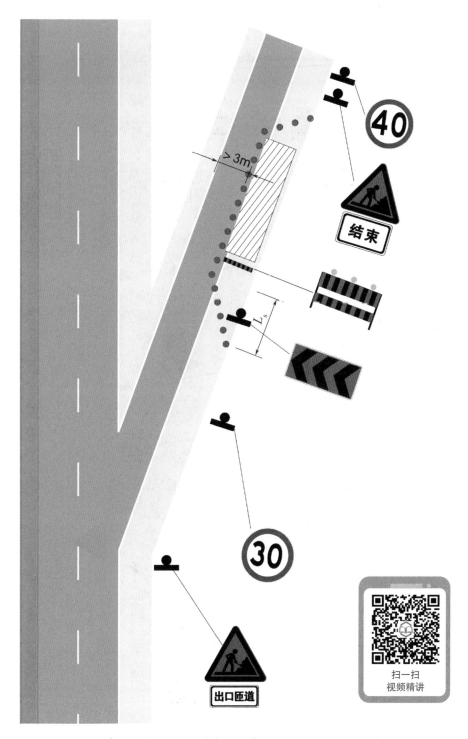

图 5-2-26　高速公路和一级公路出口匝道路段作业控制区布置示例

（以设计速度 100km/h 为例）

## 5.2.15　作业区位于加速车道的相邻车道

高速公路和一级公路加速车道的相邻车道作业时，作业控制区布置示例如图5-2-27所示。

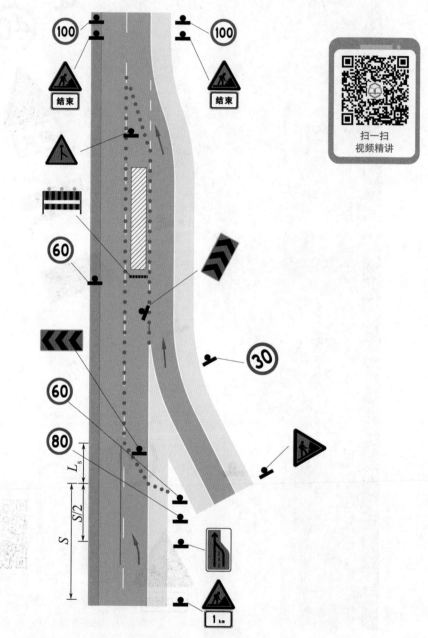

图 5-2-27　高速公路和一级公路加速车道的相邻车道作业控制区布置示例

（以设计速度 100km/h 为例）

❶ 上游过渡区应起始于汇流鼻之前，并应利用塑料注水（砂）隔离栏（或交通锥、交通桶、交通柱，有条件时可用活动护栏）将上游过渡区、缓冲区、工作区及下游过渡区围起。

❷ 为匝道车辆服务的标志设置：

a.在汇流鼻之前设置施工标志；

b.在汇流点附近设置限速标志，其限速值可在匝道限制速度的基础上适当下调；

c.根据车辆行驶方向设置线形诱导标志或可变箭头信号。

❸ 为主线车辆服务的标志设置：

a.主线警告区起点附近应设置作业区距离标志，预告作业区位置；

b.主线警告区中点附近应设置车道数变少标志；

c.主线上游过渡区的起点前设置作业区限速标志，在主线上游过渡区之前完成限速过渡；

d.主线上游过渡区内，根据车辆行驶方向设置线形诱导标志或可变箭头信号；

e.缓冲区内重复设置作业区限速标志；

f.工作区前端设置路栏；

g.车辆实际合流点前方设置注意合流标志。

❹ 终止区末端宜设置作业区结束标志，说明作业区结束位置。

❺ 终止区末端应设置限速标志，限速值为该路段的原限速值。

作业区位于加速车道的相邻车道上时，主线和匝道上均应设置作业区距离标志。匝道上警告区长度按匝道设计速度选取，如果警告区长度大于匝道长度，作业区距离标志宜设置于匝道起点附近。上游过渡区应起始于鼻端前。

## 5.2.16 作业区位于减速车道的相邻车道

高速公路和一级公路减速车道的相邻车道作业时，作业控制区布置示例如图5-2-28所示。

❶ 上游过渡区应起始于分流点之前。应利用塑料注水（砂）隔离栏（或交通锥、交通桶、交通柱，有条件时可用活动护栏）将上游过渡区、缓冲区、工作区及下游过渡区围起。

❷ 设置渠化设施分离驶入匝道交通流，设置长度不宜小于300m，配合设置导向箭头引导车辆合流、指示行驶方向。如使用活动护栏，其端头应贴附反光面。

❸ 警告区起点附近应设置作业区距离标志，预告作业区位置。

❹ 警告区中点附近设置出口标志和直行方向指路标志。

❺ 分离驶入匝道交通流的渠化设施端头之前设置作业区限速标志，并在端头之前完成限速过渡。

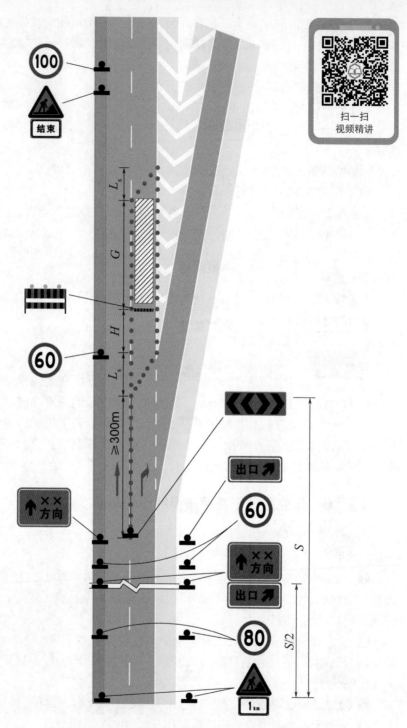

图 5-2-28　高速公路和一级公路减速车道的相邻车道作业控制区布置示例

（以设计速度 100km/h 为例）

❻ 分离驶入匝道交通流的渠化设施端头设置线形诱导标志或可变箭头信号，并在中间带和路侧对应位置重复设置直行方向指路标志和出口标志。

❼ 缓冲区重复设置作业区限速标志。

❽ 工作区前端设置路栏。

❾ 终止区末端宜设置作业区结束标志，说明作业区结束位置。

❿ 终止区末端应设置限速标志，限速值为该路段的原限速值。

作业区位于与减速车道相邻的车道时，应设置渠化设施，分离驶入匝道的交通流，设置长度不宜小于300m。上游过渡区设置的可变箭头信号或线形诱导标志，应避免影响匝道上的车辆。

### 5.2.17 作业区位于平面交叉

作业区位于交叉口出口外侧车道时，宜将上游过渡区延伸至相邻的右转车道（图5-2-29）。

扫一扫
视频精讲

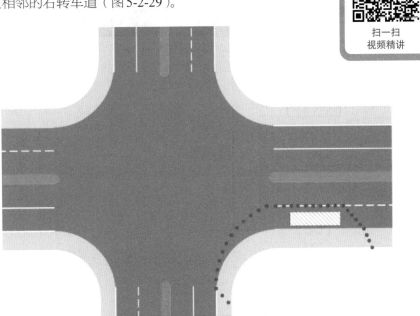

图 5-2-29 作业区位于交叉口出口外侧车道的上游过渡区示例

作业区位于交叉口入口时，可不设下游过渡区。

作业区位于交叉口的一个出口时，其余三个方向的入口均应设置施工标志。在交叉口中心作业时，四个方向均应设置施工标志。

作业区位于交叉口出口并借用对向车道组织交通时，对向车道应布置作业区，设置作业区道路交通标志。

# 第6章

# 二、三级公路养护作业控制区

## 6.1 | 一般规定

二、三级公路养护作业控制区布置应兼顾养护作业控制区是否为交替通行路段、线形特征等因素。

二、三级公路车道进行养护作业时，本向车道应布置警告区、上游过渡区、缓冲区、工作区、下游过渡区和终止区，对向车道应布置警告区和终止区。

警告区应布设施工标志及限速标志，对于车道封闭养护作业，还应布设改道标志；上游过渡区应布设交通锥、闪光箭头、交通引导人员等；上游过渡区和缓冲区交界处应布设附设警示灯的路栏；终止区应布设解除限速标志。

同一方向不同断面同时进行养护作业时，相邻两个工作区净距不应小于3km。

对于不满足超车视距的弯道或纵坡路段养护作业控制区，应提前布置警告区。

## 6.2 | 养护作业控制区布置

### 6.2.1 双向交替通行路段养护作业

双向交替通行路段养护作业，除布设必要的安全设施外，还应配备交通引导人员，也可布设临时交通控制信号设施（以设计速度80km/h为例）。

双车道公路封闭一车道作业时，作业控制区布置示例如图6-2-1所示。

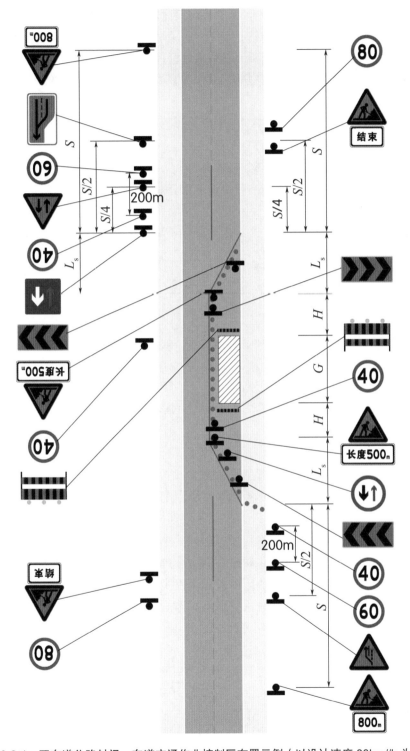

图 6-2-1  双车道公路封闭一车道交通作业控制区布置示例（以设计速度 80km//h 为例）

❶ 工作区两端均设置缓冲区和上游过渡区，并应利用塑料注水（砂）隔离栏（或交通锥、交通桶、交通柱，有条件时可用活动护栏）将双向的上游过渡区、缓冲区和工作区围起。沿渠化设施施划橙色实线，分隔作业区域。

❷ 双向上游过渡区前均应施划禁止跨越对向车行道边缘线，禁止车辆超车。

❸ 封闭交通方向标志设置：

a. 警告区起点附近应设置作业区距离标志，预告作业区位置；

b. 警告区中点附近应设置改道标志图；

c. 上游过渡区的起点前应设置作业区限速标志，在上游过渡区之前完成限速过渡；

d. 上游过渡区的起点附近，设置会车让行标志；

e. 上游过渡区内，根据车辆行驶方向设置线形诱导标志或可变箭头信号；

f. 缓冲区起点附近宜设置作业区长度标志，预告作业区长度；

g. 缓冲区重复设置作业区限速标志；

h. 工作区前端设置路栏；

i. 在借用的对向车道结束端设置线形诱导标志或可变箭头信号，指引车辆驶回原车道；

j. 终止区末端宜设置作业区结束标志，说明作业区结束位置；

k. 终止区末端应设置限速标志，限速值为该路段的原限速值。

❹ 对向车道标志设置：

a. 对向警告区起点附近应设置作业区距离标志，预告作业区位置；

b. 对向警告区中点附近应设置车道数变少标志；

c. 对向车道距离上游警告区起点 $S/4$ 附近设置双向交通标志；

d. 上游过渡区的起点前应设置作业区限速标志，在上游过渡区之前完成限速过渡；

e. 对向车道上游过渡区起点附近设置会车先行标志；

f. 上游过渡区内，根据车辆行驶方向设置线形诱导标志或可变箭头信号；

g. 缓冲区起点附近宜设置作业区长度标志，预告作业区长度；

h. 缓冲区重复设置作业区限速标志；

i. 工作区前端设置路栏；

j. 终止区末端宜设置作业区结束标志，说明作业区结束位置；

k. 终止区末端应设置限速标志，限速值为该路段的原限速值。

❺ 两端配有交通引导人员的作业区，可简化会车让行标志、会车先行标志、双向交通标志的设置，并应在交通引导人员前方至少 100m 处设置注意交通引导人员标志。

## 6.2.2 双车道公路路肩作业

双车道公路路肩作业时，作业控制区布置示例如图6-2-2所示。

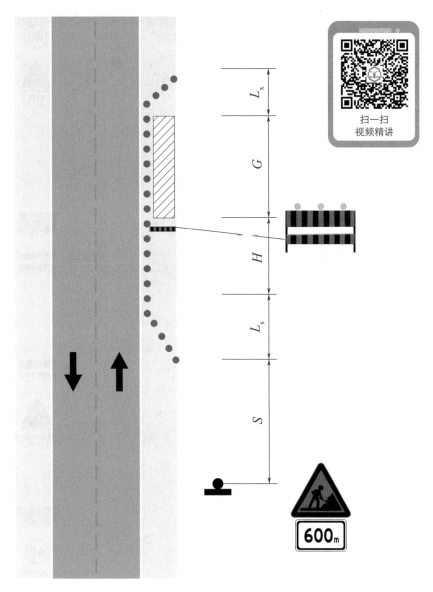

图 6-2-2 双车道公路路肩作业控制区布置示例（以设计速度 80km/h 为例）

❶ 警告区起点附近应设置作业区距离标志，预告作业区位置。

❷ 应利用塑料注水（砂）隔离栏（或交通锥、交通桶、交通柱，有条件时可用活动护栏）将上游过渡区、缓冲区、工作区及下游过渡区围起。

❸ 工作区前端设置路栏。

### 6.2.3 双车道公路绕行便道作业

双车道公路绕行便道作业时，作业控制区布置示例如图6-2-3所示。

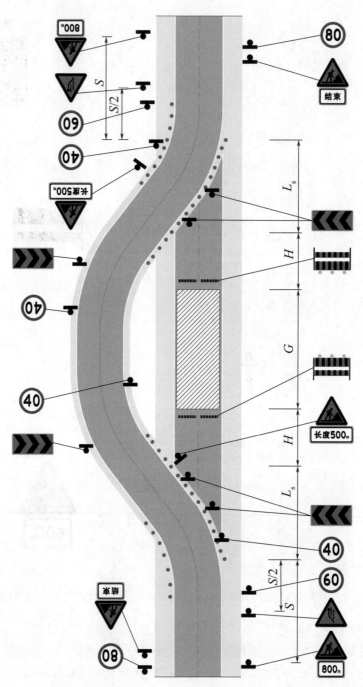

图 6-2-3　双车道公路绕行便道作业控制区布置示例（以设计速度 80km/h 为例）

❶ 工作区两端均应设置缓冲区和上游过渡区，并利用渠化设施将双向的上游过渡区与便道平顺连接。

❷ 双向上游过渡区及便道路段均施划禁止跨越对向车行道边缘线，禁止车辆超车。

❸ 双向警告区起点附近应设置作业区距离标志，预告作业区位置。

❹ 双向警告区中点附近应设置改道标志。

❺ 双向上游过渡区的起点前设置作业区限速标志，在上游过渡区之前完成限速过渡。

❻ 双向上游过渡区内，根据车辆行驶方向设置线形诱导标志或可变箭头信号。

❼ 双向便道起点宜设置作业区长度标志，预告作业区长度。

❽ 工作区两端设置路栏。

❾ 便道上重复设置作业区限速标志。

❿ 便道路段双向结束端设置线形诱导标志或可变箭头信号指示车流走向。

⓫ 双向终止区末端宜设置作业区结束标志，说明作业区结束位置。

⓬ 双向终止区末端应设置限速标志，限速值为该路段的原限速值。

### 6.2.4 双车道公路弯道附近路段作业

双车道公路弯道附近路段作业时，作业控制区布置示例如图6-2-4所示。

❶ 工作区两侧均设置缓冲区和上游过渡区，靠近弯道一侧的缓冲区延长至弯道起点前方，利用渠化设施将双向的上游过渡区、缓冲区、工作区和下游过渡区围起。沿渠化设施宜施划橙色实线，分隔作业区域。

❷ 双向上游过渡区前均施划禁止跨越对向车行道边缘线，禁止车辆超车。

❸ 封闭交通方向标志设置：

a.警告区起点附近应设置作业区距离标志，预告作业区位置；

b.警告区中点附近应设置改道标志图；

c.上游过渡区的起点前应设置作业区限速标志，在上游过渡区之前完成限速过渡；

d.弯道前方设置急弯标志；

e.上游过渡区的起点附近，设置会车让行标志；

f.上游过渡区内，根据车辆行驶方向设置线形诱导标志或可变箭头信号；

g.缓冲区起点宜设置作业区长度标志，预告作业区长度；

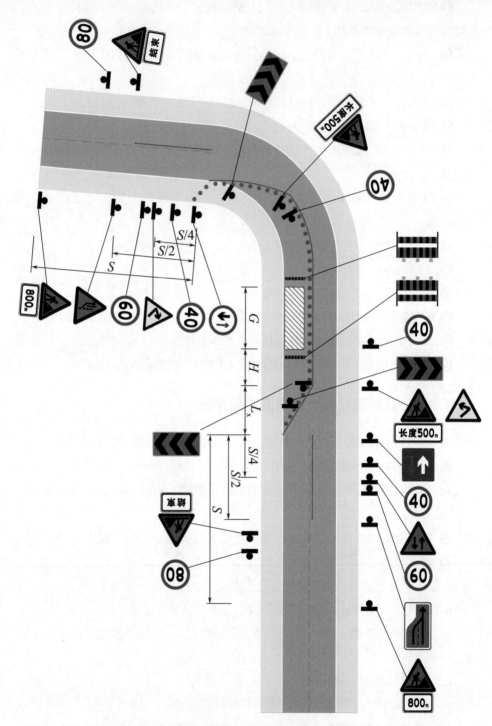

图 6-2-4　双车道公路弯道附近路段作业控制区布置示例（以设计速度 80km/h 为例）

h.缓冲区重复设置作业区限速标志；

i.工作区前端设置路栏；

j.在借用的对向车道结束端设置线形诱导标志或可变箭头信号，指引车辆驶回原车道；

k.终止区末端宜设置作业区结束标志，说明作业区结束位置；

l.终止区末端应设置限速标志，限速值为该路段的原限速值。

❹ 对向车道标志设置：

a.对向警告区起点附近应设置作业区距离标志，预告作业区位置；

b.对向警告区中点附近应设置车道数变少标志；

c.对向车道距离上游警告区起点 $S/4$ 附近设置双向交通标志；

d.上游过渡区的起点前应设置作业区限速标志，在上游过渡区之前完成限速过渡；

e.对向车道上游过渡区起点附近设置会车先行标志；

f.上游过渡区内，根据车辆行驶方向设置线形诱导标志或可变箭头信号；

g.缓冲区起点附近宜设置作业区长度标志，预告作业区长度，设置急弯标志；

h.缓冲区重复设置作业区限速标志；

i.工作区前端设置路栏；

j.终止区末端宜设置作业区结束标志，说明作业区结束位置；

k.终止区末端应设置限速标志，限速值为该路段的原限速值。

❺ 两端配有交通引导人员的作业区，可简化会车让行标志、会车先行标志、双向交通标志的设置，并应在交通引导人员前方至少100m处设置注意交通引导人员标志。

## 6.2.5　二、三级公路双向交替通行的弯道路段弯道后养护作业

二、三级公路双向交替通行的弯道路段弯道后养护作业控制区布置示例如图6-2-5所示。

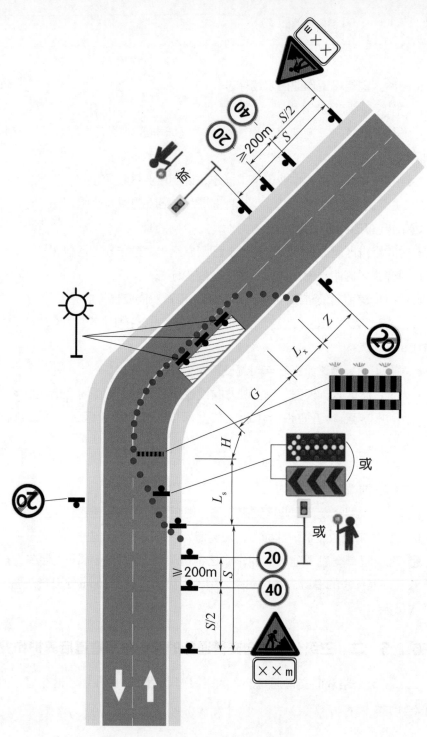

图 6-2-5  二、三级公路双向交替通行的弯道路段弯道后养护作业控制区布置示例

（以设计速度 60km/h 为例）

## 6.2.6 二、三级公路双向通行的弯道路段弯道前养护作业

二、三级公路双向通行的弯道路段弯道前养护作业控制区布置示例如图6-2-6所示。

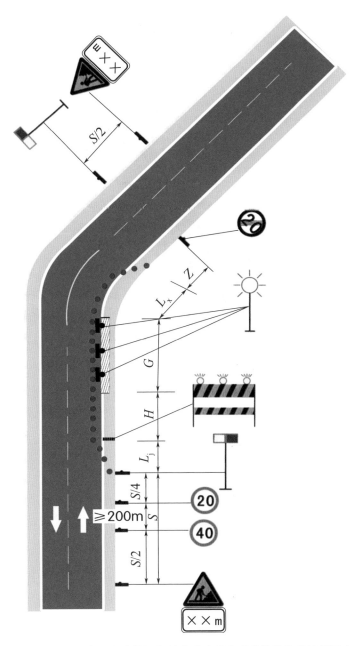

图 6-2-6 二、三级公路双向交替通行的弯道路段弯道前养护作业控制区布置示例
（以设计速度 60km/h 为例）

### 6.2.7 二、三级公路双向通行的弯道路段弯道后养护作业

工作区在弯道后，上游过渡区宜布置在弯道前的直线段（图6-2-7）。

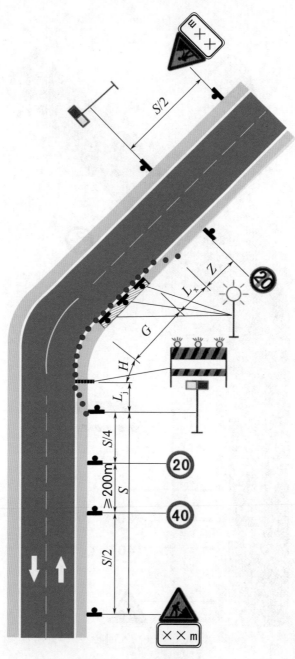

图 6-2-7 二、三级公路双向通行的弯道路段弯道后养护作业控制区布置示例

（以设计速度 60km/h 为例）

### 6.2.8 反向弯道路段养护作业

反向弯道路段养护作业，上游过渡区应布置在反向弯道中间的平直路段；当警告区起点在弯道上时，应将其提前至该弯道起点。以设计速度60km/h为例，作业控制区布置示例见图6-2-8和图6-2-9。

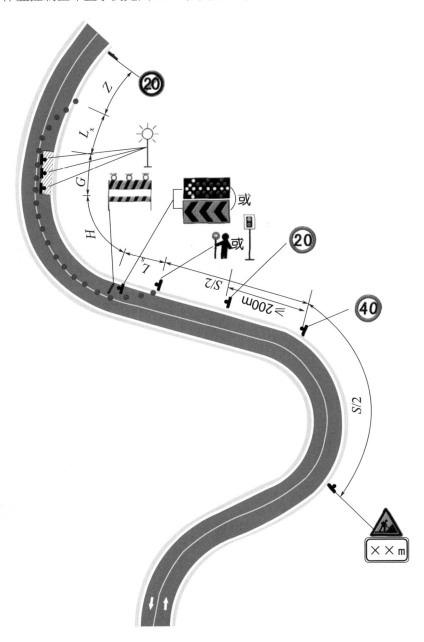

图 6-2-8 二、三级公路双向交替通行的反向弯道路段养护作业控制区布置示例

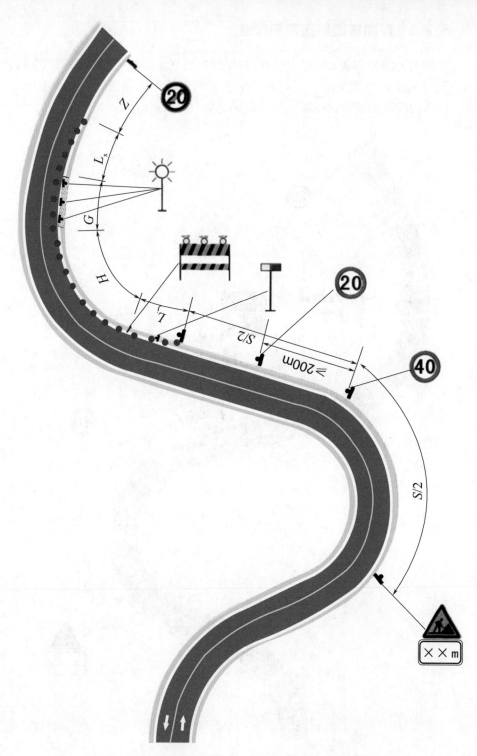

图 6-2-9　二、三级公路双向通行的反向弯道路段养护作业控制区布置示例

### 6.2.9 回头弯道路段养护作业

回头弯道路段养护作业时，回头曲线段的作业车道应作为缓冲区。对向车道的警告区和终止区布置示例可按6.2.1小节的有关规定执行。以设计速度60km/h为例，作业控制区布置示例见图6-2-10和图6-2-11。

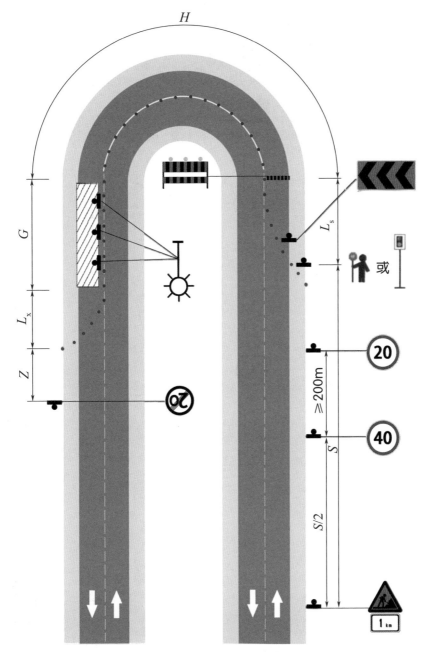

图 6-2-10 二、三级公路双向交替通行的回头弯道路段养护作业控制区布置示例

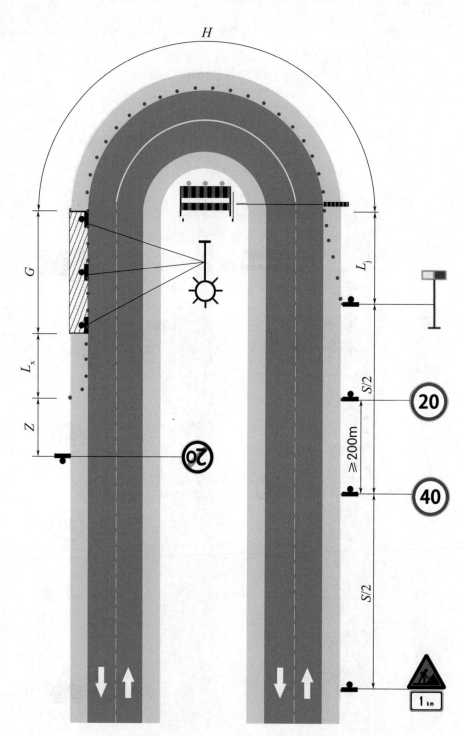

图 6-2-11 二、三级公路双向通行的回头弯道路段养护作业控制区布置示例

## 6.2.10 纵坡路段养护作业

纵坡路段养护作业，应在竖曲线顶点配备交通引导人员；工作区在封闭车道行车方向的下坡路段时，在工作区或上游过渡区与缓冲区之间应布设防撞桶、水马、防撞墙、隔离墩等安全设施。以设计速度60km/h为例，作业控制区布置示例见图6-2-12和图6-2-13。

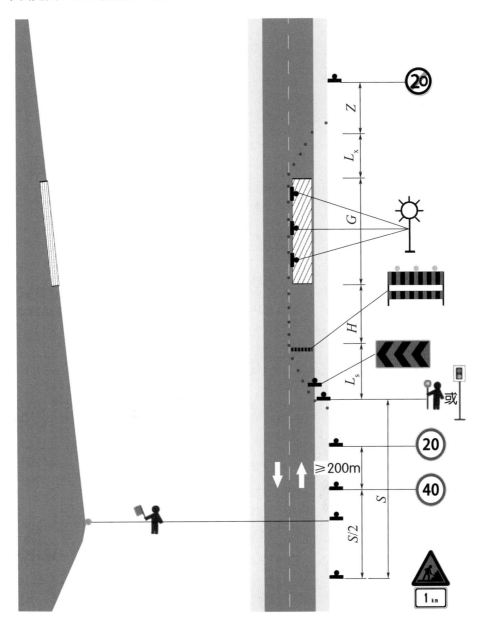

**图 6-2-12 二、三级公路双向交替通行的纵坡路段养护作业控制区布置示例**

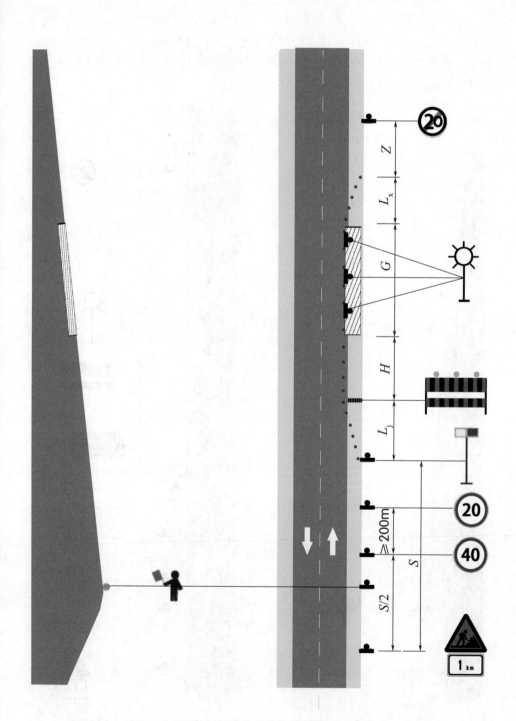

图 6-2-13　二、三级公路双向通行的纵坡路段养护作业控制区布置示例

## 6.2.11 临时养护作业控制区

临时养护作业控制区可简化为警告区、上游过渡区、工作区和下游过渡区，警告区长度宜取长、短期养护作业警告区长度的一半。当布设移动式标志车时，可不布置上游过渡区，移动式标志车与工作区净距宜为10 ~ 20m。对向车道可仅布置警告区。以设计速度60km/h和40km/h为例，作业控制区布置示例如图6-2-14 ~图6-2-16所示。

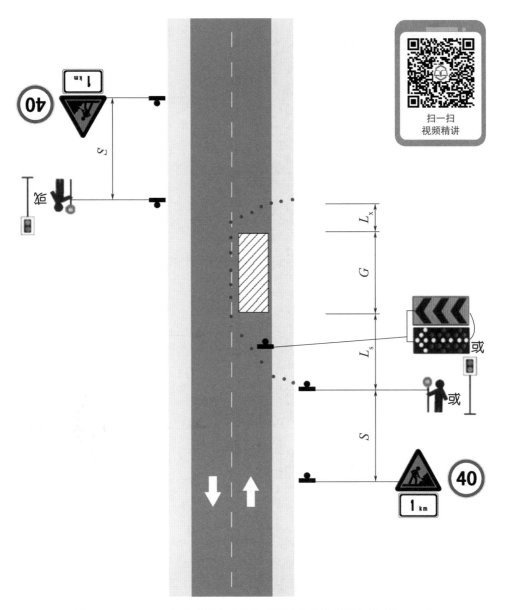

图 6-2-14　二、三级公路平直路段临时养护作业控制区布置示例（一）

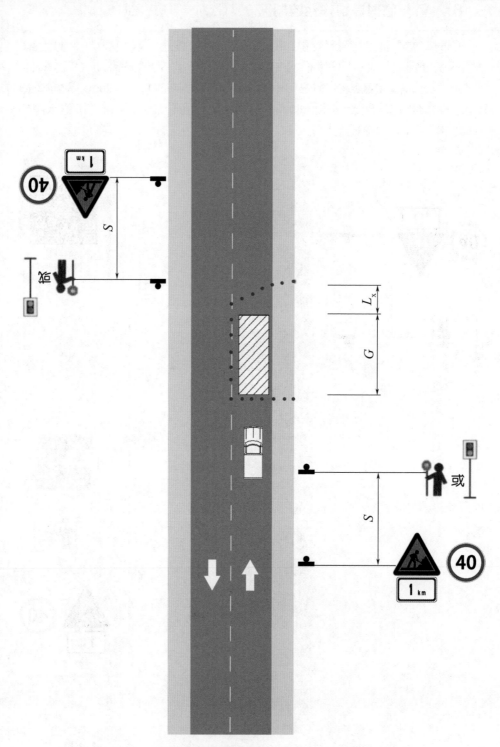

图 6-2-15 二、三级公路平直路段临时养护作业控制区布置示例（二）

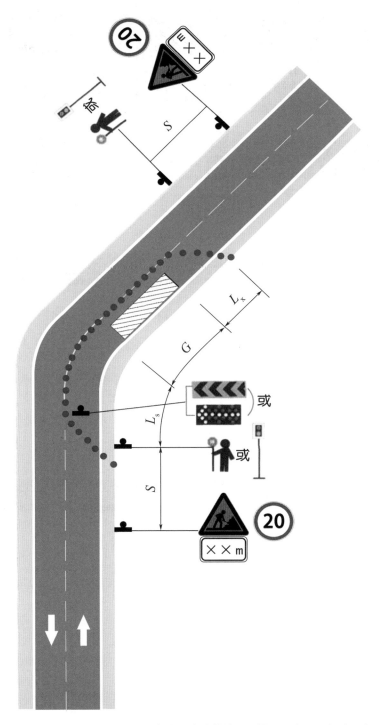

图 6-2-16 二、三级公路平直路段临时养护作业控制区布置示例（三）

# 第7章
# 四级公路养护作业控制区

## 7.1 | 一般规定

四级公路养护作业控制区布置应兼顾养护作业控制区交通组成特殊性、线形特征等因素。

长期和短期养护作业控制区可仅布置警告区、上游过渡区、工作区和下游过渡区，临时和移动养护作业控制区可仅布置警告区和工作区。

警告区内应布设施工标志、限速标志，上游过渡区、工作区、下游过渡区应布设交通锥，上游过渡区内应布设交通引导人员，视距不良路段养护作业时应增设一名交通引导人员。

## 7.2 | 养护作业控制区布置

### 7.2.1 双车道四级公路封闭单车道的养护作业

双车道四级公路封闭单车道的养护作业，以设计速度30km/h为例，养护作业控制区布置示例如图7-2-1和图7-2-2所示。

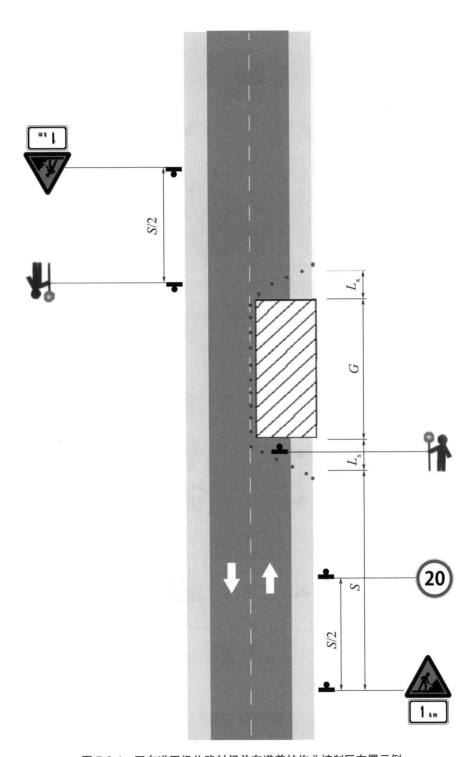

图 7-2-1　双车道四级公路封闭单车道养护作业控制区布置示例

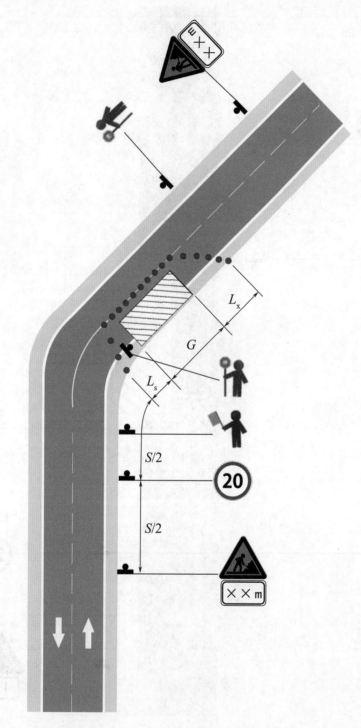

图 7-2-2　双车道四级公路弯道路段封闭单车道养护作业控制区布置示例

## 7.2.2 单车道四级公路通行状态下的养护作业

单车道四级公路通行状态下的养护作业，应在工作区两端的错车台或平面交叉处各配备一名手持"停"标志的交通引导人员。以设计速度20km/h为例，作业控制区布置示例如图7-2-3和图7-2-4所示。

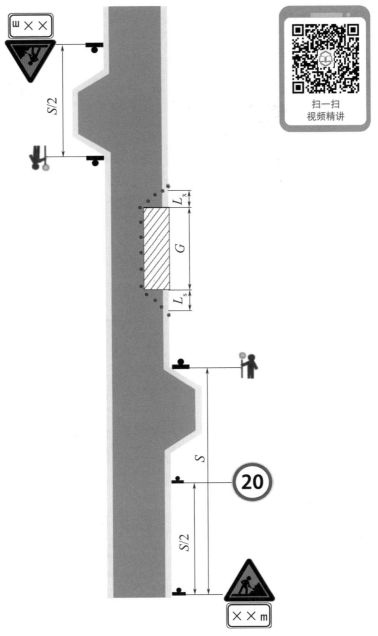

扫一扫
视频精讲

图 7-2-3 单车道四级公路封闭车道养护作业控制区布置示例（一）

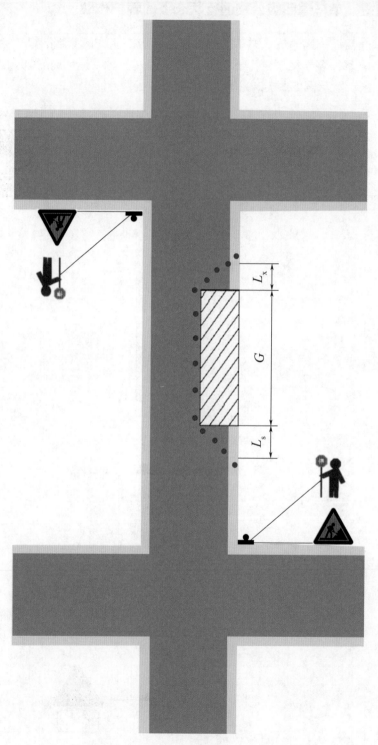

图 7-2-4 单车道四级公路封闭车道养护作业控制区布置示例（二）

### 7.2.3　四级公路全封闭车道养护作业

四级公路全封闭车道养护作业，在作业控制区前后的交叉路口应布设道路封闭或改道标志；无法改道时，车辆等待时间不宜超过2h。其作业控制区布置示例如图7-2-5所示。

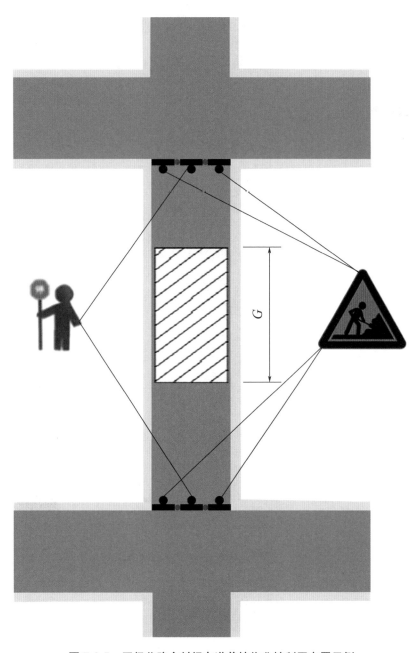

图 7-2-5　四级公路全封闭车道养护作业控制区布置示例

### 7.2.4 四级公路临时养护作业

四级公路临时养护作业，应在工作区及前后两端布设标志及安全设施，可配备交通引导人员，其作业控制区布置示例如图7-2-6所示。

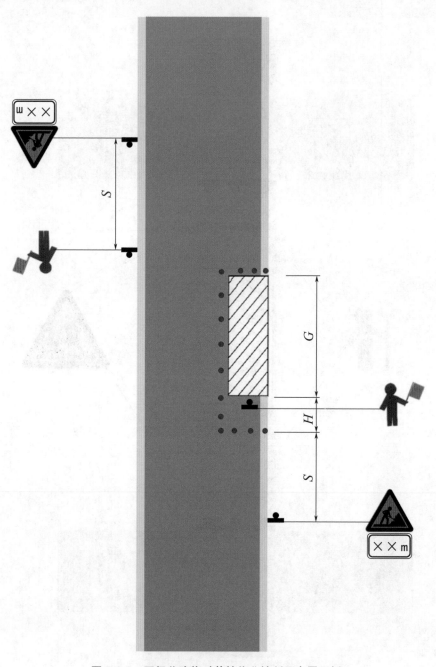

图 7-2-6 四级公路临时养护作业控制区布置示例

# 第8章
# 桥涵养护作业控制区

## 8.1 | 一般规定

桥涵养护作业控制区布置应兼顾养护作业控制区桥梁养护作业特点、养护作业位置、作业影响范围等因素。

桥梁养护作业时应加强车辆限速、限宽和限载的通行控制。经批准允许通行的危险品运输车辆应引导通过。

当预判桥梁养护作业会出现车辆排队时，应利用桥梁检查站、收费站、正常路段或警告区布置大型载重汽车停靠区，并布设"重车靠右停靠区"标志，间隔放行大型载重汽车，不得集中放行。

立交桥上养护作业控制区布置应符合下列规定。

❶ 养护作业影响桥下净空时，应在立交桥下方公路上布设施工标志、限高及限宽标志，并不得向桥下抛投任何物品。

❷ 养护作业占用下方公路路面时，立交桥下方公路应布置养护作业控制区。

桥梁养护作业影响桥下通航净空时，应按有关规定布设标志及安全设施。

特大、大桥养护作业除应满足桥梁养护作业控制区布置的一般要求外，尚应符合该特大、大桥养护作业的特定技术要求。

## 8.2 | 养护作业控制区布置

### 8.2.1 中、小桥和涵洞养护作业

中、小桥和涵洞养护作业应封闭整条作业车道作为工作区，纵向缓冲区终

点宜止于桥头。以设计速度100km/h为例，其作业控制区布置示例如图8-2-1所示。

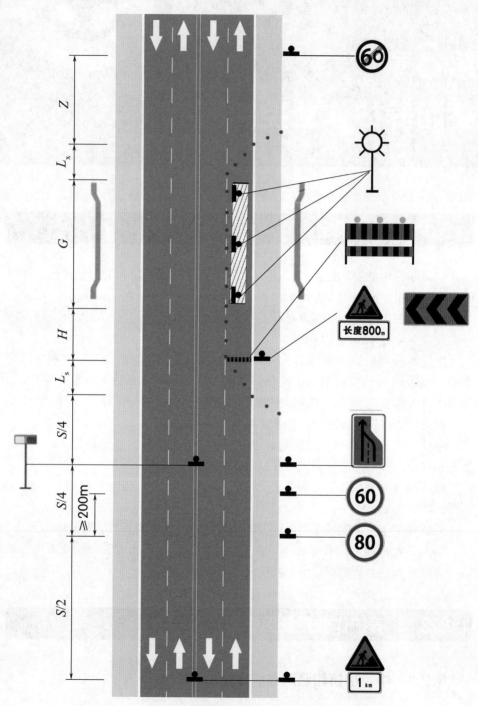

图8-2-1 中、小桥和涵洞养护作业控制区布置示例

## 8.2.2　特大、大桥养护作业

特大、大桥养护作业控制区布置应符合下列规定。

工作区起点距桥头小于300m时，纵向缓冲区起点应提前至桥头。以设计速度100km/h为例，其作业控制区布置示例如图8-2-2所示。

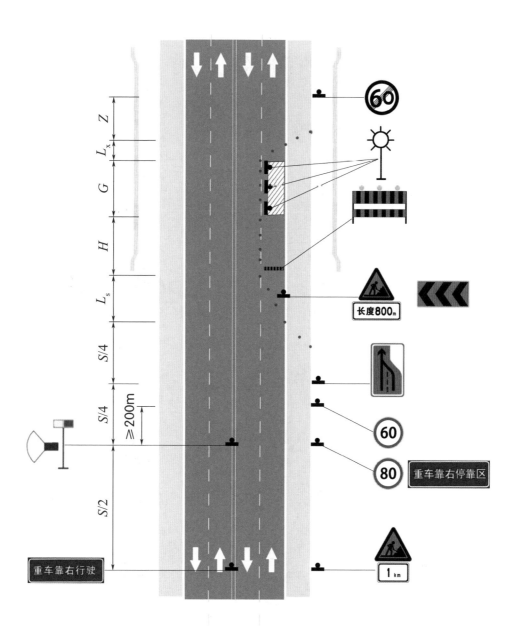

**图8-2-2　工作区起点距桥头小于300m的特大、大桥封闭车道养护作业控制区布置示例**

工作区起点距桥头大于或等于300m时，应按相应的等级公路养护作业控制区布置，并在桥头布设施工标志。以设计速度100km/h为例，其作业控制区布置示例如图8-2-3所示。

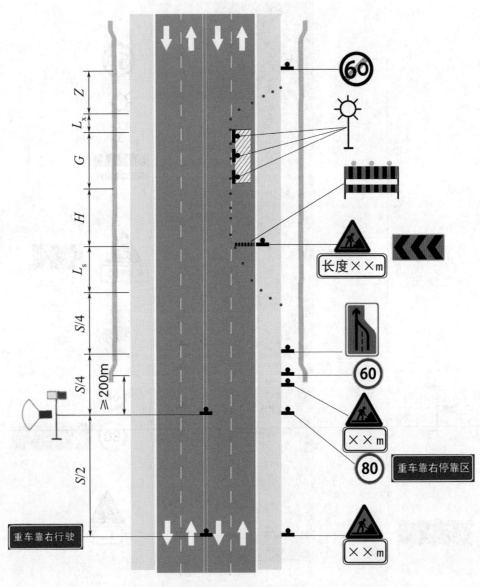

图 8-2-3　工作区起点距桥头大于或等于 300m 的特大、大桥封闭车道
养护作业控制区布置示例

### 8.2.3　桥梁半幅封闭养护作业

桥梁半幅封闭养护作业控制区布置，应符合下列规定。

❶ 特大、大桥中央分隔带可设开口时，或者中间分隔带不能设开口时，上游过渡区终点应止于桥头。

❷ 借用对向车道通行的桥梁养护作业，应全时段配备交通引导人员。

以设计速度100km/h和80km/h为例，作业控制区布置示例如图8-2-4和图8-2-5所示。

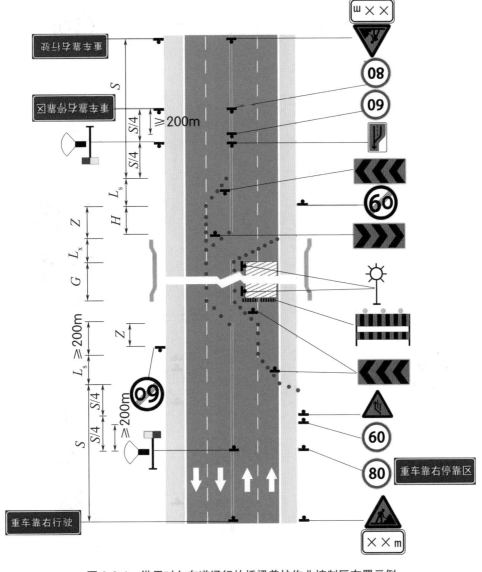

图 8-2-4　借用对向车道通行的桥梁养护作业控制区布置示例

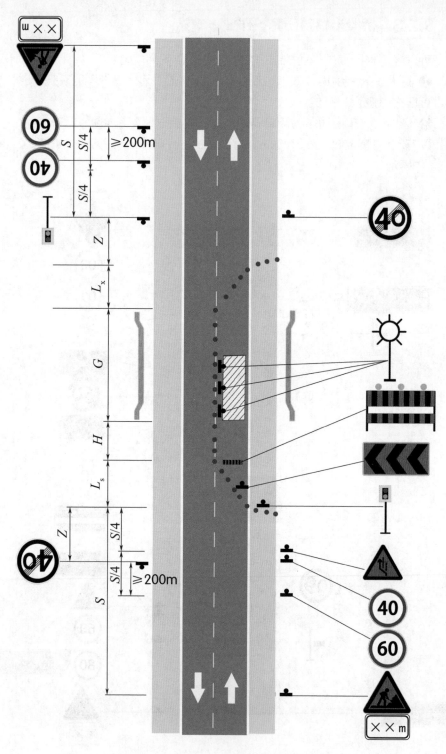

图 8-2-5 借用对向车道交替通行的桥梁养护作业控制区布置示例

### 8.2.4　机动车道与非机动车道分隔的桥梁、非机动车道养护作业

机动车道与非机动车道分隔的桥梁、非机动车道养护作业，非机动车借用机动车道行驶时，可将缓冲区并入工作区。以设计速度100km/h的公路为例，其作业控制区布置示例如图8-2-6所示。

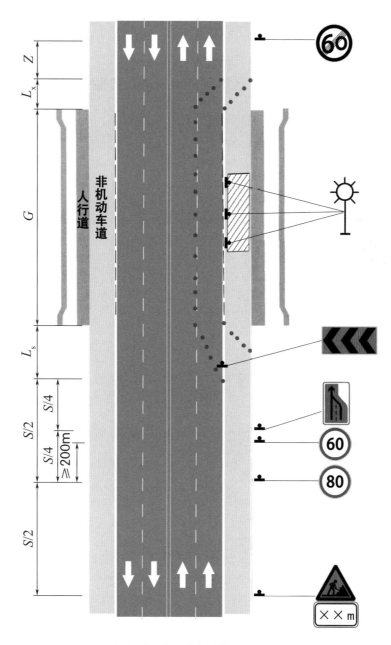

**图 8-2-6　桥梁封闭非机动车道养护作业控制区布置示例**

### 8.2.5 桥梁伸缩缝常规检查、清理作业

桥梁伸缩缝常规检查、清理作业可按临时养护作业控制区布置。桥梁伸缩缝更换作业，应半幅封闭或全幅封闭受伸缩缝施工影响的桥孔，并应符合下列规定。

❶ 半幅封闭应按"桥梁半幅封闭养护作业"的有关规定执行。

❷ 全幅封闭应做好分流信息提示，并在作业控制区前后的交叉路口布设桥梁封闭或改道标志。

### 8.2.6 桥梁拉索、悬索及桥下部结构养护作业

桥梁拉索、悬索及桥下部结构养护作业影响范围内，应将对应桥面封闭为工作区，并布置养护作业控制区；对影响净高或净宽的养护作业，应布设限高或限宽标志。

扫一扫
视频精讲

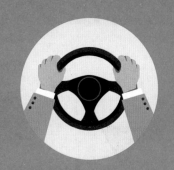

# 第9章
# 隧道养护作业控制区

## 9.1 | 一般规定

隧道养护作业控制区布置应兼顾隧道养护作业特点、养护作业位置等因素。

隧道养护作业时，若隧道养护作业影响原建筑限界，应设置限高及限宽标志。

隧道养护作业控制区中交通锥的布设间距不宜大于4m，缓冲区和工作区照明应满足养护作业照明要求。

隧道养护作业人员应穿反光服装和戴安全帽，养护作业机械应配备反光标志，施工台架周围应布设防眩灯。

隧道养护作业宜在交通量较小时进行。

特长、长隧道养护作业应全时段配备交通引导人员，轮换时间不应超过4h。

特长、长隧道养护作业时，应间隔放行大型载重汽车。

## 9.2 | 养护作业控制区布置

### 9.2.1 单洞双向隧道养护作业

单洞双向隧道养护作业控制区布置应符合下列规定。

❶ 封闭一条车道双向交替通行时，隧道入口处应布设临时交通控制信号设施或配备交通引导人员，上游过渡区应布置在隧道入口前。以设计速度60km/h为例，其作业控制区布置示例如图9-2-1和图9-2-2所示。

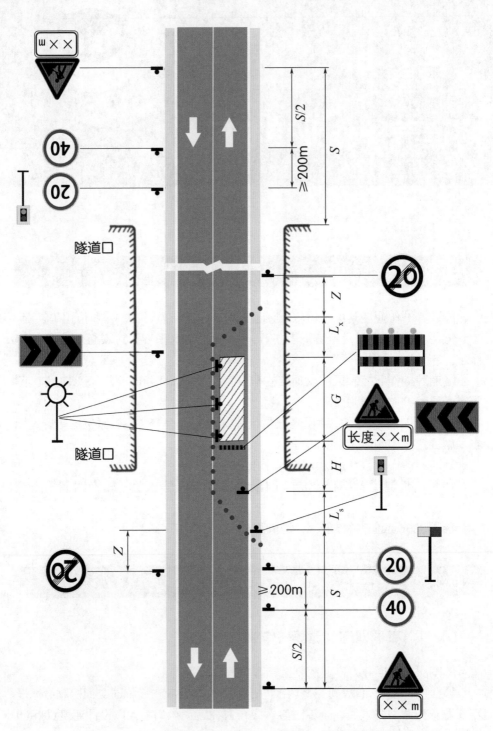

图 9-2-1 单洞双向隧道在入口附近养护作业控制区布置示例

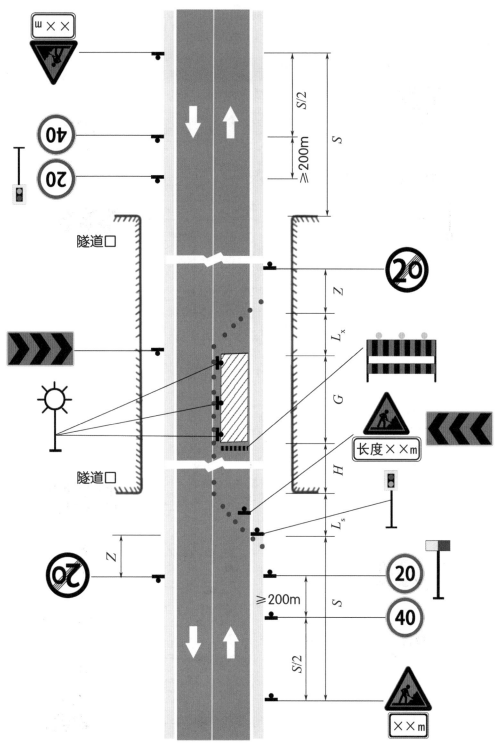

图 9-2-2 单洞双向隧道在中间路段养护作业控制区布置示例

❷ 中、短隧道养护作业，应封闭隧道内整条作业车道，下游过渡区宜布置在隧道出口外。以设计速度60km/h为例，其作业控制区布置示例如图9-2-3所示。

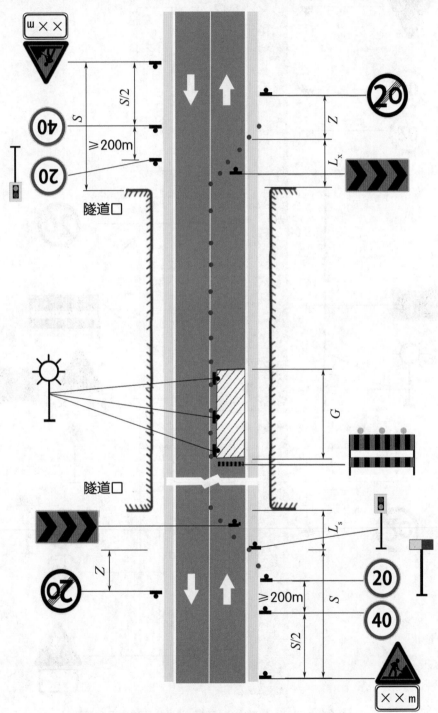

图 9-2-3　单洞双向中、短隧道养护作业控制区布置示例

单洞双向通行的隧道全幅封闭养护作业时，应做好分流信息提示，并在作业控制区前后的交叉路口布设隧道封闭或改道标志。

### 9.2.2 双洞单向通行的中、短隧道养护作业

双洞单向通行的中、短隧道养护作业控制区布置应符合下列规定。

❶ 上游过渡区应布置在隧道入口前。以设计速度80km/h为例，其作业控制区布置示例如图9-2-4和图9-2-5所示。

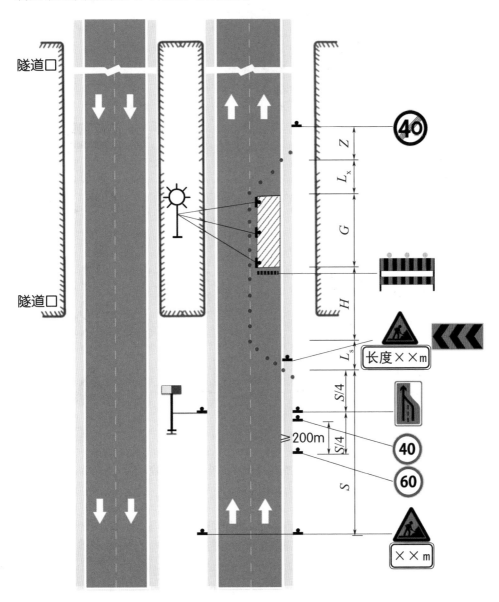

**图9-2-4 双洞单向通行的隧道在入口附近养护作业控制区布置示例**

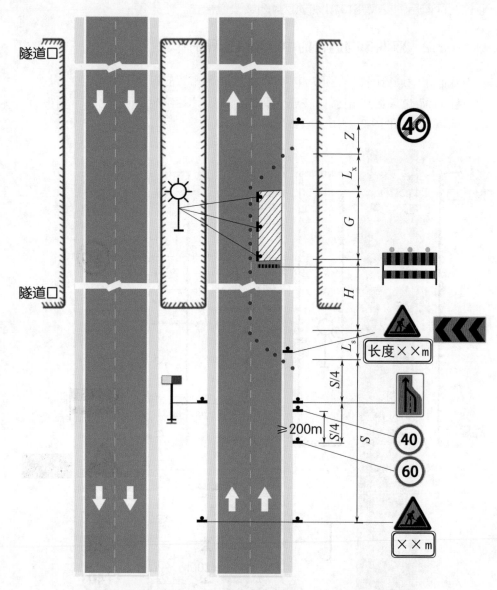

图 9-2-5 双洞单向通行的隧道在中间路段养护作业控制区布置示例

❷ 隧道群养护作业，当警告区标志位于前方隧道内时，应将标志提前至前方隧道入口处。以设计速度 80km/h 为例，其作业控制区布置示例如图 9-2-6 所示。

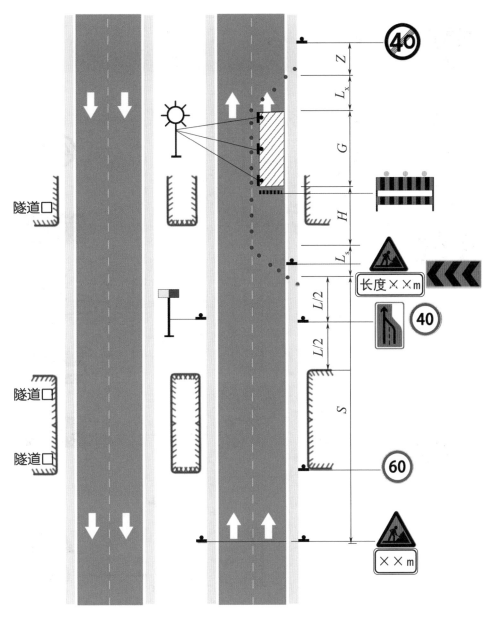

图 9-2-6　双洞单向通行的隧道群养护作业控制区布置示例

*L*—警告区隧道出口至上游过渡区起点的距离

### 9.2.3　单洞全幅封闭并借用另一侧通行的隧道

以设计速度80km/h为例，单洞全幅封闭并借用另一侧通行的隧道，养护作业控制区布置示例如图9-2-7所示。

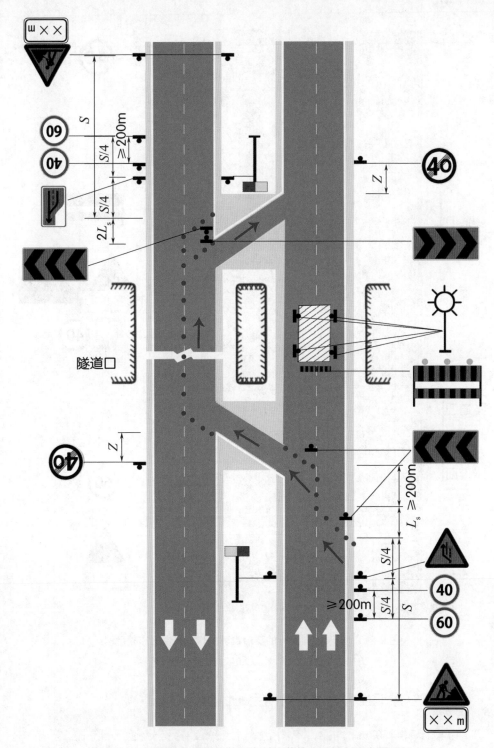

隧道口

图 9-2-7  双洞单向通行的单洞全封闭养护作业控制区布置示例

### 9.2.4 双洞单向通行的特长、长隧道养护作业

双洞单向通行的特长、长隧道养护作业控制区布置，应符合下列规定。

❶ 当工作区起点距隧道入口不大于1km时，上游过渡区应布置在隧道入口前，养护作业控制区布置应按图9-2-4所示。

❷ 当工作区起点距隧道入口大于1km时，应按路段养护作业控制区布置。隧道入口处应增设施工标志。隧道内警告区宜采用电子显示屏提示。

### 9.2.5 临时和移动养护作业

临时和移动养护作业宜布设移动式标志车，并在隧道两端布设施工标志，必要时配备交通引导人员。移动养护作业宜采用机械移动方式进行。

扫一扫
视频精讲

# 第10章
# 平面交叉养护作业控制区

## 10.1 | 一般规定

平面交叉养护作业的范围界定应符合下列规定。

❶ 有渠化的平面交叉养护作业的范围应包括平面交叉规划及渠化范围。

❷ 无渠化的平面交叉养护作业的范围距交叉入口不应超过停车视距范围。

当工作区上游存在交叉，且其在养护作业控制区内时，可将警告区起点移至其出口处。

平面交叉养护作业控制区的上游视距不良时，可在视距不良处增设施工标志。

平面交叉入口或出口封闭车道改为双向通行时，应划出橙色临时标线；当车道宽度无法满足双向通行时，应配备交通引导人员引导车辆交替通行。

平面交叉养护作业车辆应配备闪光箭头或车辆闪光灯，可布设移动式标志车。

## 10.2 | 养护作业控制区布置

### 10.2.1 十字交叉入口养护作业

十字交叉入口养护作业，应根据入口封闭情况布置养护作业控制区，并应符合下列规定。

❶ 入口封闭且需借用对向车道交替通行的养护作业，应布设临时交通信号灯，其作业控制区布置示例如图10-2-1所示。

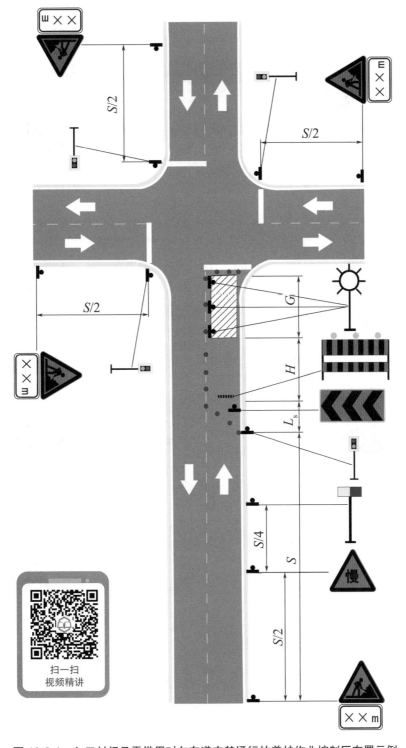

图 10-2-1　入口封闭且需借用对向车道交替通行的养护作业控制区布置示例

❷ 入口封闭且需借用对向车道双向通行的养护作业，应在借用车道上布设车道渠化设施分隔双向交通，其作业控制区布置示例如图10-2-2所示。

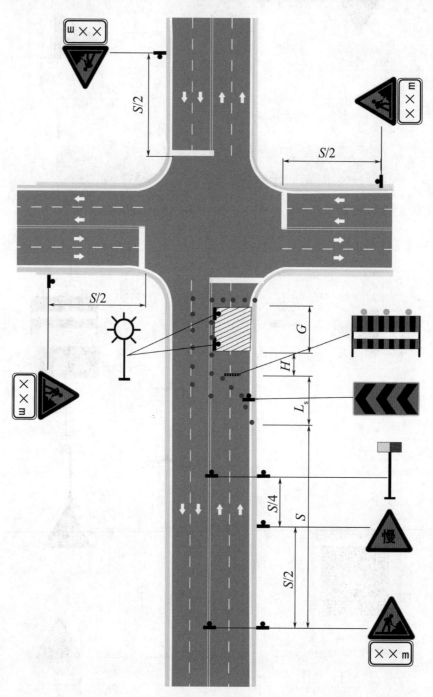

图 10-2-2 入口封闭且需借用对向车道双向通行的养护作业控制区布置示例

❸ 入口单车道封闭且本向车道维持通行的养护作业，其作业控制区布置示例如图10-2-3所示。

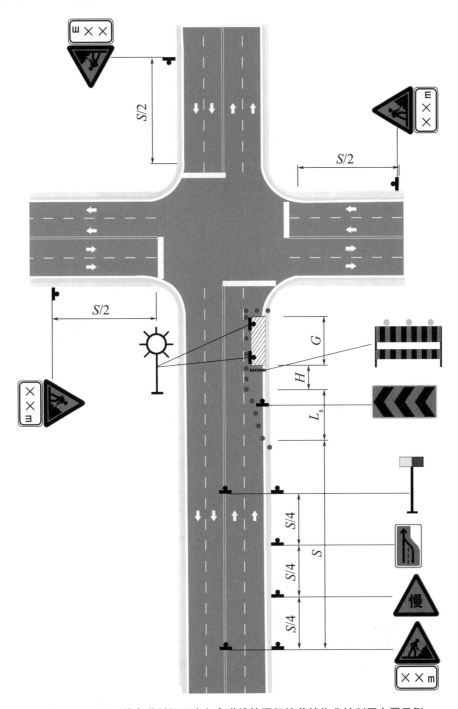

图 10-2-3　入口单车道封闭且本向车道维持通行的养护作业控制区布置示例

## 10.2.2 十字交叉出口养护作业

十字交叉出口养护作业，应根据出口封闭情况布置养护作业控制区，并应符合下列规定。

❶ 出口封闭且需借用对向车道交替通行的养护作业，应布设临时交通信号灯，其作业控制区布置示例如图10-2-4所示。

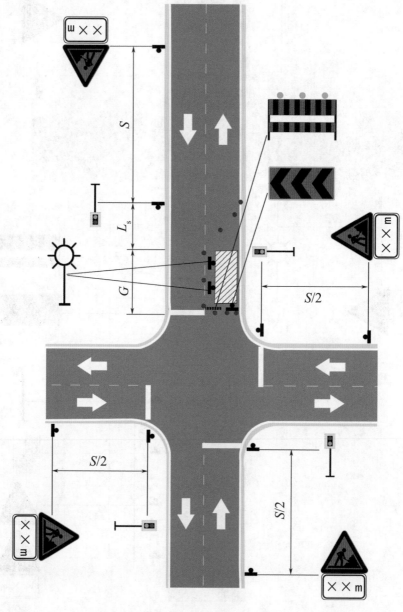

图 10-2-4　出口封闭且需借用对向车道交替通行的养护作业控制区布置示例

❷ 出口封闭且需借用对向车道双向通行的养护作业，应在借用车道上布设车道渠化设施分隔双向交通，其作业控制区布置示例如图10-2-5所示。

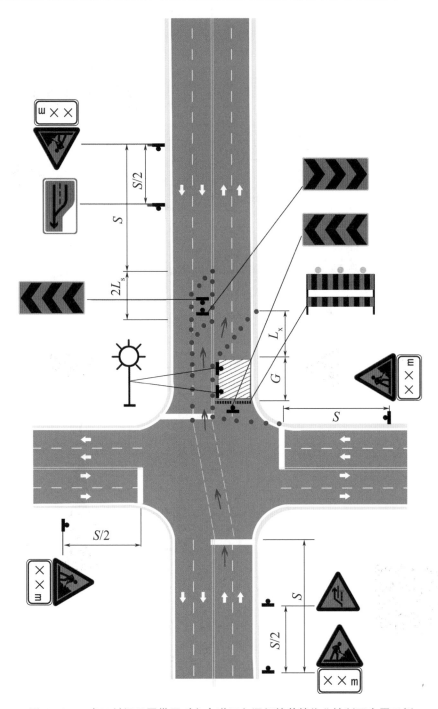

图 10-2-5 出口封闭且需借用对向车道双向通行的养护作业控制区布置示例

❸ 出口单车道封闭且本向车道维持通行的养护作业，对应入口车道宜封闭一定区域，布置上游过渡区和缓冲区，其作业控制区布置示例如图10-2-6所示。

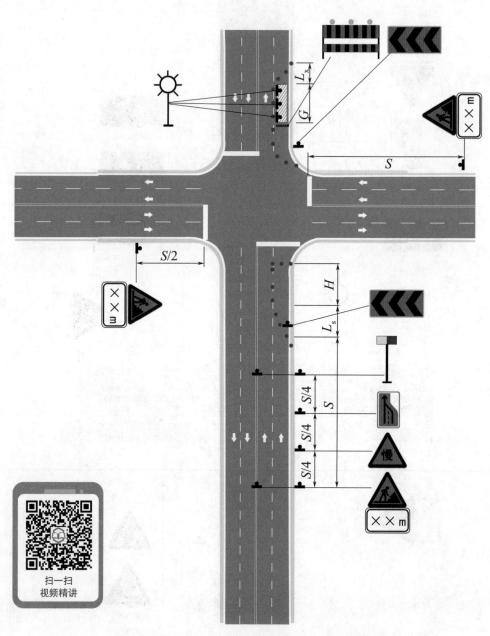

图10-2-6 出口单车道封闭且本向车道维持通行的养护作业控制区布置示例

### 10.2.3　十字交叉中心处养护作业

十字交叉中心处养护作业，应同时在四个交叉入口布置作业控制区，其作业控制区布置示例如图10-2-7所示。

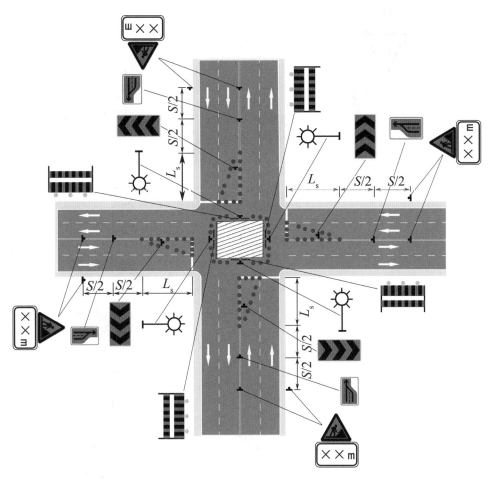

图 10-2-7　十字交叉中心处养护作业控制区布置示例

### 10.2.4　被交道为单车道四级公路的十字交叉养护作业

被交道为单车道四级公路的十字交叉养护作业，主线养护作业的终止区应布置在通过被交道后的位置，被交道可简化作业控制区布置，应在被交道入口配备交通引导人员，其作业控制区布置示例如图10-2-8所示。

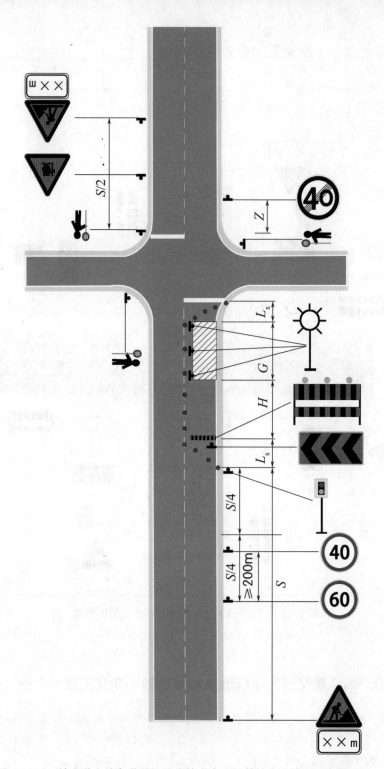

图 10-2-8　被交道为单车道四级公路的十字交叉养护作业控制区布置示例

### 10.2.5 环形交叉封闭入口车道养护作业

环形交叉封闭入口车道养护作业，应在入口处布置养护作业控制区，其作业控制区布置示例如图 10-2-9 和图 10-2-10 所示。当中间车道进行养护作业时，应封闭相邻一侧车道。

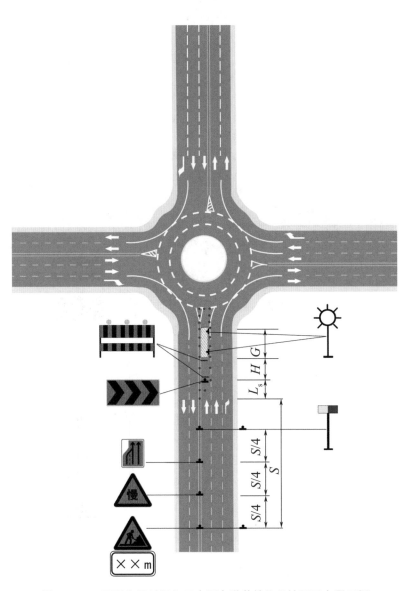

图 10-2-9 环形交叉封闭入口内侧车道养护作业控制区布置示例

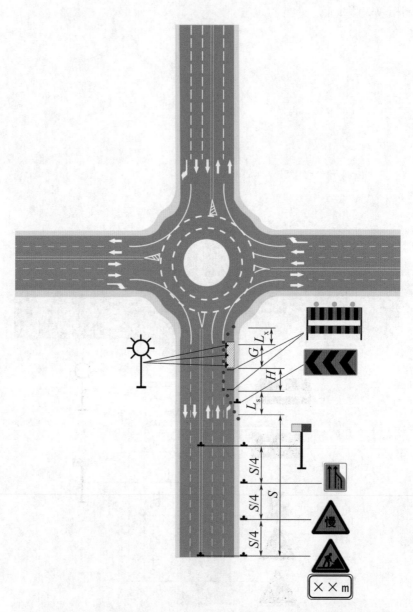

图 10-2-10　环形交叉封闭入口外侧车道养护作业控制区布置示例

## 10.2.6 环形交叉封闭出口车道养护作业

环形交叉封闭出口车道养护作业，应在出口处布设闪光箭头或导向标志和附设警示灯的路栏，尚应在另三个交叉入口分别布设施工标志，其作业控制区布置示例如图 10-2-11～图 10-2-13 所示。

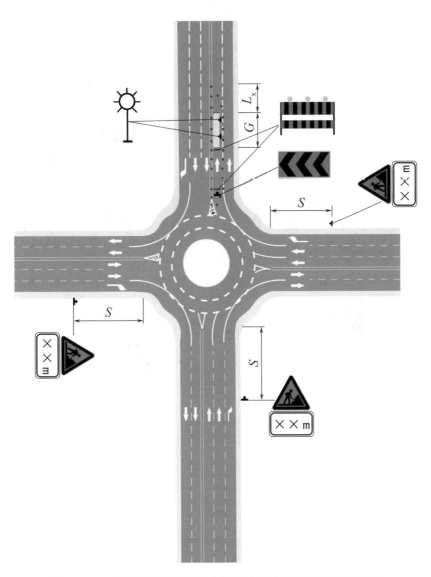

图 10-2-11 环形交叉封闭出口内侧车道养护作业控制区布置示例

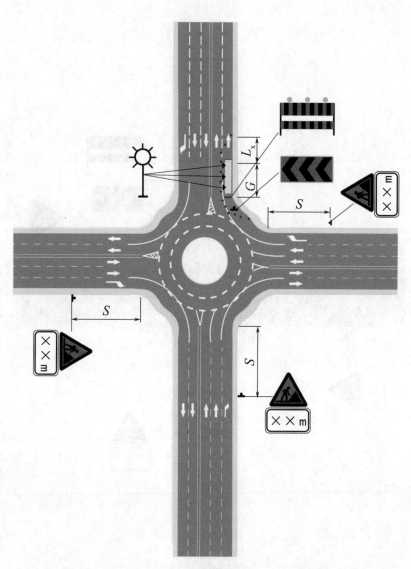

图 10-2-12　环形交叉封闭出口外侧车道养护作业控制区布置示例

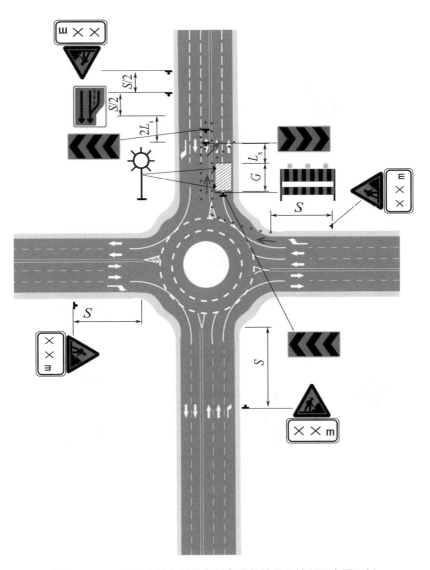

图 10-2-13 环形交叉全封闭出口车道养护作业控制区布置示例

### 10.2.7 环形交叉中心处养护作业

环形交叉中心处养护作业，应在交叉入口处布设施工标志，其作业控制区布置示例如图10-2-14和图10-2-15所示。

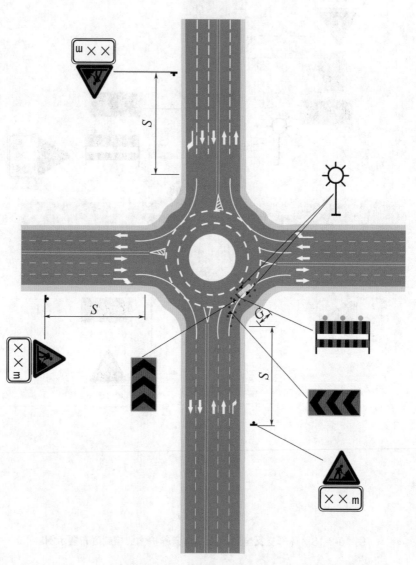

图 10-2-14 环形交叉中心处封闭内侧车道养护作业控制区布置示例

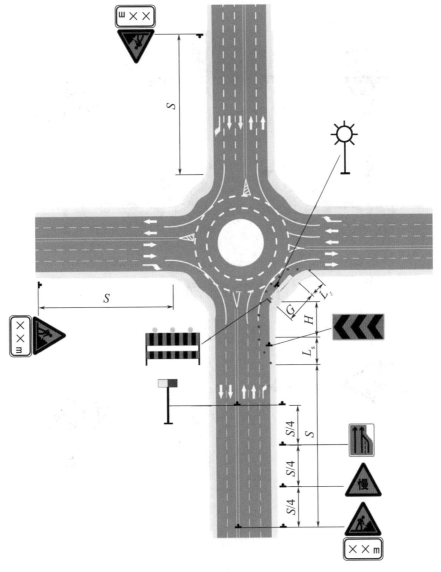

**图 10-2-15　环形交叉中心处封闭外侧车道养护作业控制区布置示例**

### 10.2.8　T形交叉养护作业

T形交叉养护作业，可按十字交叉封闭入口车道养护作业控制区布置。

### 10.2.9　临时养护作业控制区布置

临时养护作业控制区布置，在受影响的交叉入口应配备交通引导人员，其作业控制区布置示例如图10-2-16所示。

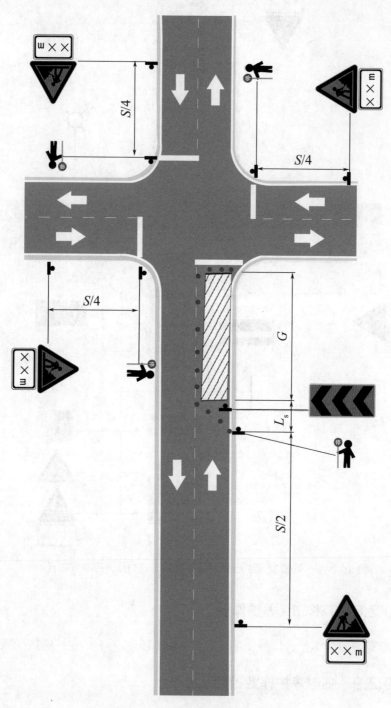

图 10-2-16　平面交叉临时养护作业

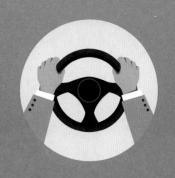

# 第11章
# 收费广场养护作业控制区

## 11.1 │ 一般规定

收费广场养护作业应关闭受养护作业影响的收费车道，并布置养护作业控制区。进行各类养护作业时不得全部封闭单向收费车道。

## 11.2 │ 养护作业控制区布置

### 11.2.1 主线收费广场养护作业

主线收费广场养护作业控制区可简化，并应符合下列规定。

❶ 工作区在收费车道入口处，可仅布置警告区、上游过渡区、缓冲区和工作区，警告区应布设施工标志，上游过渡区应布设闪光箭头或导向标志，车辆无须变道时，宜布设施工标志，其作业控制区布置示例如图 11-2-1 ～图 11-2-3 所示。

扫一扫
视频精讲

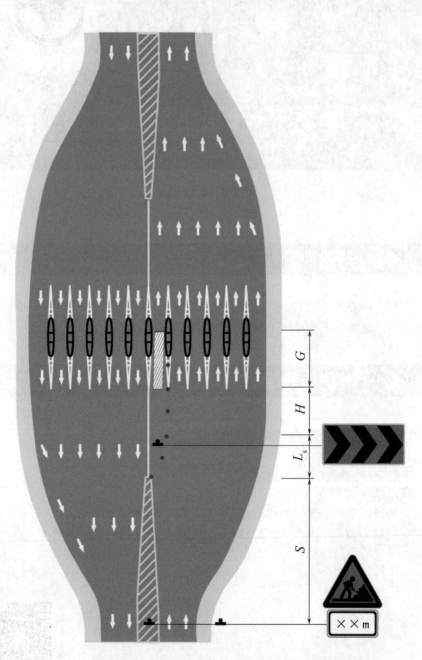

图 11-2-1　主线收费广场封闭入口内侧车道养护作业控制区布置示例

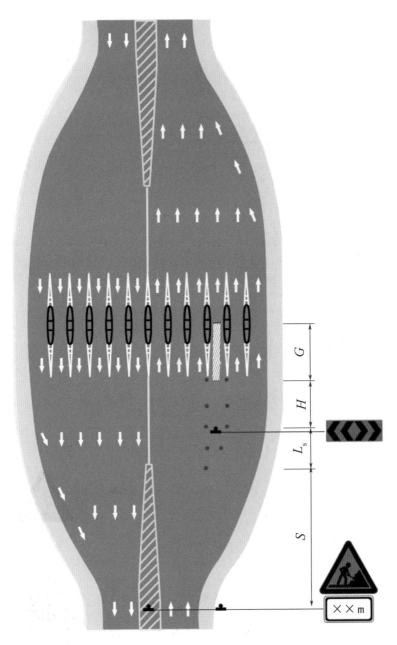

图 11-2-2　主线收费广场封闭入口中间车道养护作业控制区布置示例

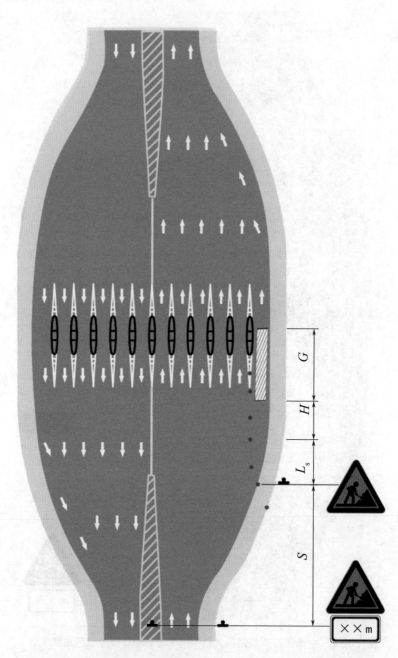

图 11-2-3 主线收费广场封闭入口外侧车道养护作业控制区布置示例

❷ 工作区在收费车道出口处，可仅布置工作区和下游过渡区，并关闭对应的收费车道，其作业控制区布置示例如图11-2-4 ～图11-2-6所示。

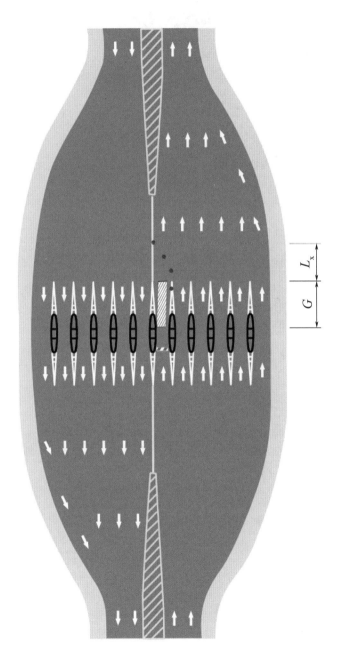

图 11-2-4　主线收费广场封闭出口内侧车道养护作业控制区布置示例

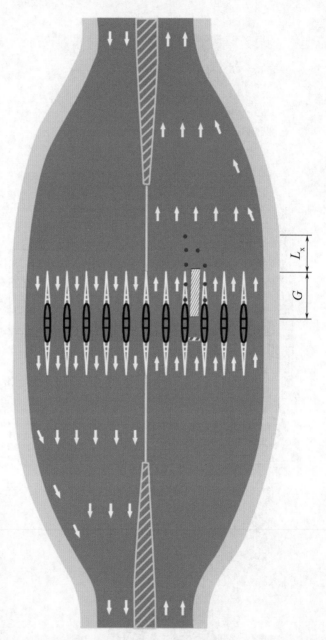

图 11-2-5 主线收费广场封闭出口中间车道养护作业控制区布置示例

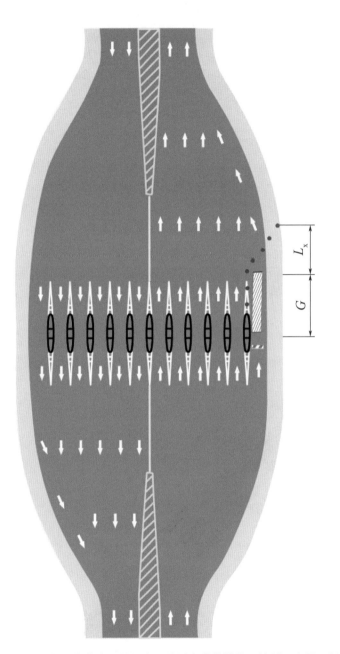

图 11-2-6　主线收费广场封闭出口外侧车道养护作业控制区布置示例

## 11.2.2 匝道收费广场养护作业

匝道收费广场养护作业，应按作业位置确定作业控制区布置，并应符合下列规定。

❶ 匝道收费口前养护作业，应在匝道入口布设施工标志，并关闭养护作业的收费车道，上游过渡区和缓冲区长度均可取 10 ~ 20m，其作业控制区布置示例如图 11-2-7 和图 11-2-8 所示。

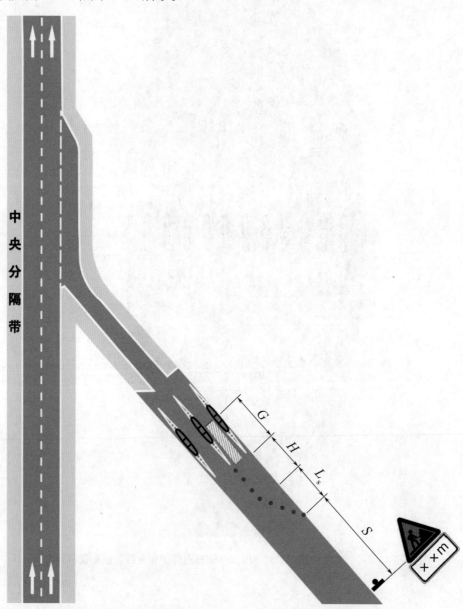

图 11-2-7 入口匝道收费广场封闭入口车道养护作业控制区布置示例

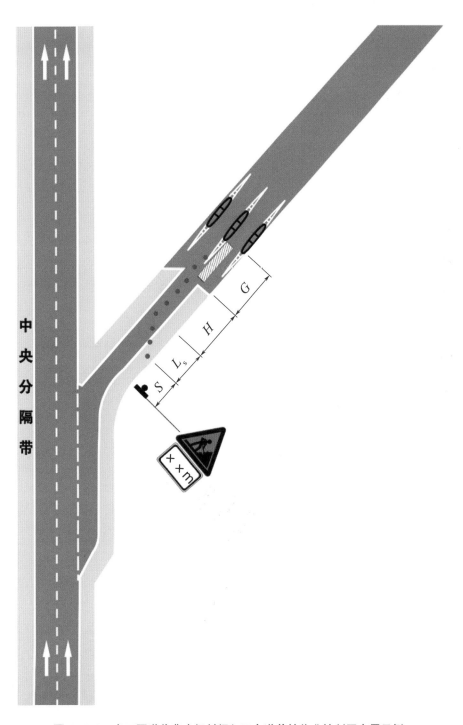

图 11-2-8　出口匝道收费广场封闭入口车道养护作业控制区布置示例

❷ 匝道收费口后养护作业，应关闭对应的收费车道，并应布置下游过渡区，其长度可取5～10m，其作业控制区布置示例如图11-2-9和图11-2-10所示。

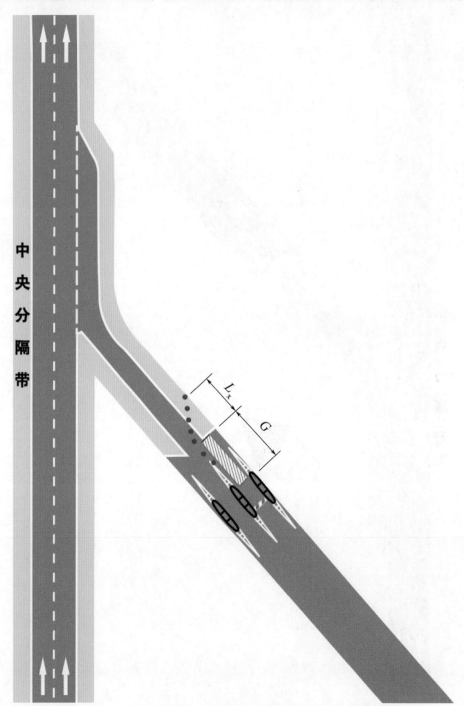

图 11-2-9　入口匝道收费广场封闭出口车道养护作业控制区布置示例

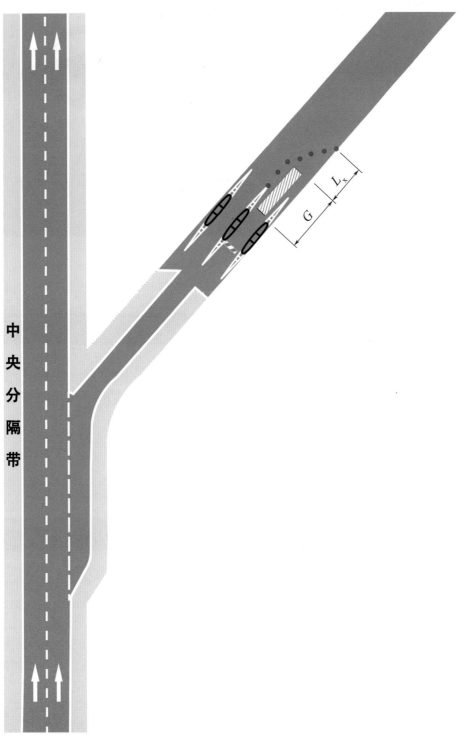

中央分隔带

图 11-2-10　出口匝道收费广场封闭出口车道养护作业控制区布置示例

# 第12章
# 交通工程及沿线设施养护作业控制区

## 12.1 | 一般规定

护栏、防眩板和视线诱导标志养护作业，可按封闭内侧车道或封闭路肩的临时养护作业控制区布置，交通锥宜布设在车道分隔标线内侧，可布设移动式标志车。

交通标志养护作业，根据其所在的位置，可按封闭路肩或封闭车道的临时养护作业控制区布置，可布设移动式标志车。拆除交通标志时，必须保证原有标志的指示、警示等功能，可布设临时性标志。

## 12.2 | 养护作业控制区布置

交通标线养护作业，应充分考虑施划标线的位置，按移动养护作业控制区布置，可布设移动式标志车，划线车辆应配备闪光箭头。施划标线后，应沿标线摆放交通锥，并应符合下列规定。

❶ 同向车道分隔标线、车辆导向箭头、路面文字或图形标记的养护作业，应将移动式标志车布设在施工车辆后方20～30m处，移动式标志车上应配备限速标志，限速值宜取20km/h，其作业控制区布置示例如图12-2-1所示。

❷ 双向通行车道分隔标线的养护作业，应将移动式标志车布设在施工车辆之前，并应在施划标线的路段起终点布设施工标志，其作业控制区布置示例如图12-2-2所示。

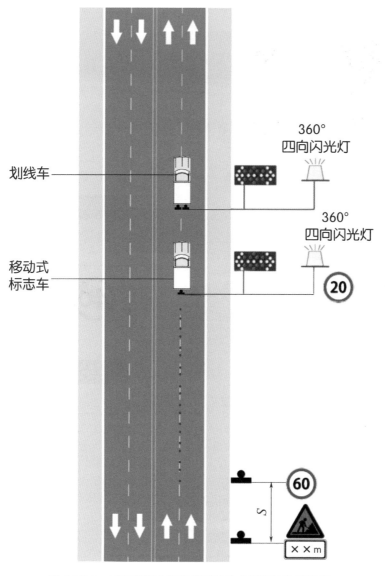

360°
四向闪光灯

划线车

360°
四向闪光灯

移动式
标志车

（20）

（60）

$S$

××m

图 12-2-1　同向车道分隔标线养护作业控制区布置示例

扫一扫
视频精讲

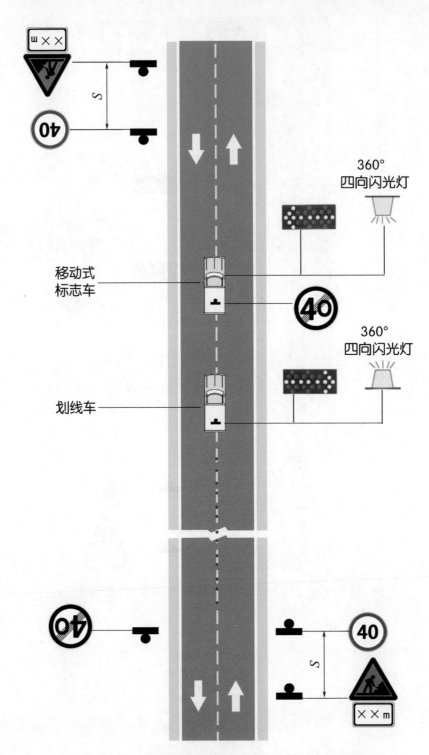

图 12-2-2　中间渠化交通标线的养护作业控制区布置示例

# 第13章
# 特殊路段及特殊气象条件养护安全作业

特殊路段及特殊气象条件养护安全作业控制区布置要求如下。

❶ 穿城区、村镇路段养护安全作业，除应按相应的养护作业控制区布置外，还应布设车道渠化设施，并采取强制限速与行人控制措施。

❷ 易发生地质灾害的傍山路段养护安全作业，除应按相应的养护作业控制区布置外，还应设专人观察边坡险情。

❸ 路侧险要路段养护安全作业，除应按相应的养护作业控制区布置外，还应加强路侧安全防护。

❹ 冬季除冰雪安全作业，除应按本规程有关规定执行外，作业人员及车辆还应做好防滑措施，切实保障自身安全。对于人工除冰雪作业，还应增设施工标志，且第一块施工标志与工作区净距应为50 ～ 100m。

❺ 高温季节养护安全作业，除应按本规程有关规定执行外，还应采取防暑降温措施，并适当调整作息时间，尽量避开高温时段养护作业。

❻ 雨季养护安全作业应符合下列规定。

a.应加强作业现场管理，及时排除作业现场积水。

b.应在人行道上下坡挖步梯或铺沙，脚手板、斜道板、跳板上应采取防滑措施，加强对临时设施和土方工程的检查，防止倾斜和坍塌。

c.应对处于洪水可能淹没地带的机械设备、施工材料等做好防范措施，作业人员应提前做好全面撤离的准备工作。

d.长时间在雨季中养护作业的工程，应根据条件搭设防雨棚，遇暴风雨时应立即停止养护作业。

e.暴雨、台风前后，应检查工地临时设施、脚手架、机电设备、临时线路，发现倾斜、变形、下沉、漏电、漏雨等现象，应及时维修加固。暴雨、台风天气除应急抢险、抢修作业外，严禁进行公路养护作业。

❼ 雾天及沙尘天气养护安全作业应符合下列规定。

a.除应急抢险、抢修作业外，严禁进行公路养护作业。

b.应急抢险、抢修作业时，应会同有关部门封闭交通，安全设施上应间隔布设黄色警示灯，相邻警示灯间距不应超过相邻交通锥间距的3倍。

❽ 大风天气养护安全作业应符合下列规定。

a.除应急抢险、抢修作业外，严禁进行公路养护作业。

b.应急抢险、抢修作业时，应防范沿线架设各类设施的高空坠落。

# 第14章
# 城市道路作业控制区

## 14.1 | 一般规定

城市道路作业控制区布置，应减少对非机动车、行人的影响。作业区占用人行道或非机动车道时，宜提供另外的人行通道或非机动车通道。

位于城市快速路上的作业区的布置可按高速公路、一级公路作业区布置的要求。

长期作业区宜采用围挡将工作区与交通流分隔，围挡的高度不小于1.8m，距离交叉口20m范围内、距离地面0.8m以上的部分应采用网状或者镂空等通透式围挡。

作业区标志可附着在路灯杆或设置在支架上，设置在支架上时应保证其可见性。

## 14.2 | 养护作业控制区布置

### 14.2.1 作业区位于主干路、次干路和支路的路段上

在两幅路和四幅路作业区借用对向车道组织交通时，需设置对向缓冲区、对向过渡区和对向警告区。

在三幅路和车道数大于两条的单幅路内侧车道作业时，对向车道应同时设置作业区道路交通标志，宜设置渠化设施分隔双向行驶的交通流。

在车道数为两条的单幅路上，一条车道因作业封闭，另一条车道供双向通行时，应在作业区两端分别设置交通引导人员，对车辆进行引导。条件允许时，可在作业区两端的过渡区外分别设置临时信号灯。

因作业而封闭的路段，应在该路段两端交叉口设置禁止驶入标志，并设置绕行标志指示绕行路线（图14-2-1）。

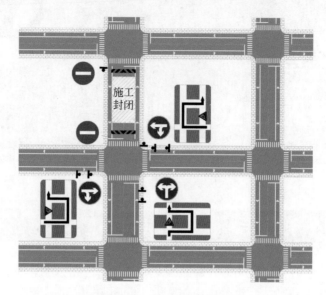

图 14-2-1 绕行标志设置示例

## 14.2.2 作业区位于交叉口

作业区位于交叉口出口道时，应遵循以下规定。

❶ 进入该出口道的所有进口道的适当位置都应设置施工标志，并宜以辅助标志说明作业区的位置。

❷ 正对作业区直行方向进口道宜进行渠化管理，使该方向进入交叉口的车辆提前合流（图14-2-2）。

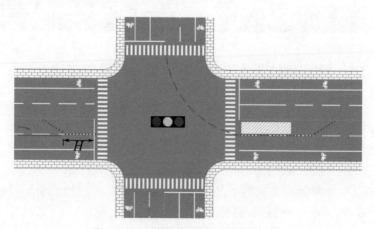

图 14-2-2 直行方向进口道渠化示例

❸ 导致交叉口车行道错位时，应设置路口导向线。

进口道上的作业区借用对向车道组织交通时，应设置路口导向线。

作业区位于交叉口中心时，所有进口前适当位置均应设置施工标志，作业区的来车方向应设置线形诱导标志或可变箭头信号。

位于交叉口的作业区，其交通安全设施的设置不应妨碍驾驶人的安全视距。

### 14.2.3　城市道路非机动车道和人行道作业

城市道路非机动车道和人行道作业时，作业控制区布置示例如图14-2-3和图14-2-4所示。

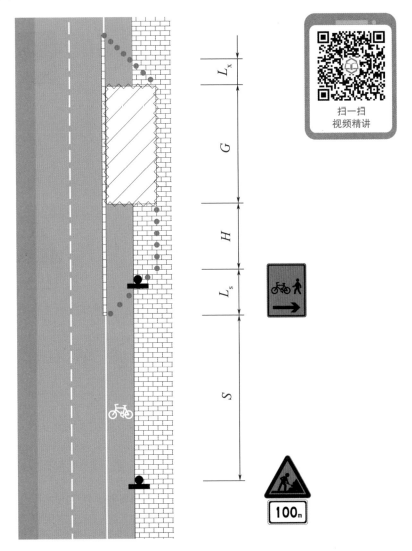

图 14-2-3　城市道路非机动车道和人行道作业控制区布置示例（一）

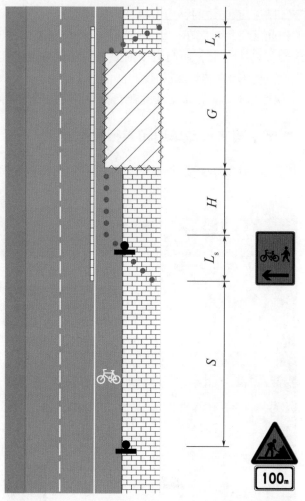

图 14-2-4 城市道路非机动车道和人行道作业控制区布置示例（二）

❶ 宜采用围挡将工作区与交通流分隔，并利用渠化设施将上游过渡区、缓冲区和下游过渡区围起。夜间应设置施工警告灯，施工警告灯应设置于围挡、路栏上，同时宜设置于渠化设施顶部。

❷ 应提供人行通道或非机动车通道。

❸ 利用渠化设施将非机动车道和机动车道分隔，有条件时宜使用活动护栏。

❹ 警告区起点附近应设置作业区距离标志，预告作业区位置。

❺ 上游过渡区适当位置设置行人、非机动车通道指示标志。

### 14.2.4 城市道路单幅路外侧车道作业

城市道路单幅路外侧车道作业时，作业控制区布置及预告示例如图14-2-5所示。

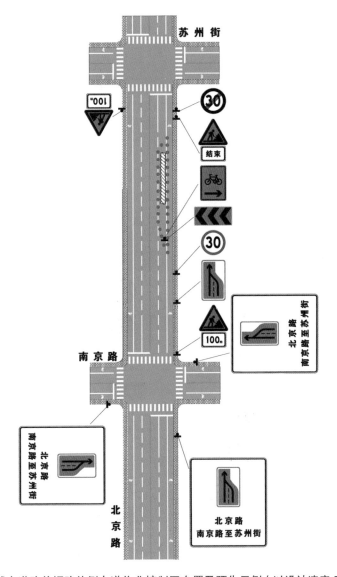

图14-2-5　城市道路单幅路外侧车道作业控制区布置及预告示例（以设计速度50km/h为例）

❶ 宜采用围挡将工作区与交通流分隔，并利用渠化设施将上游过渡区、缓冲区和下游过渡区围起。夜间应设置施工警告灯，施工警告灯应设置于围挡、路栏上，同时宜设置于渠化设施顶部。

❷ 在作业区上游交叉口所有相交道路上设置标志，预告作业区位置。

❸ 警告区起点附近应设置作业区距离标志，预告作业区位置。

❹ 警告区中点附近应设置车道数变少标志。

❺ 上游过渡区的起点前应设置作业区限速标志。

❻ 上游过渡区内，根据车辆行驶方向设置线形诱导标志或可变箭头信号。

影响行人或非机动车时，宜在适当位置设置行人、非机动车通道指示标志。

**❼** 终止区末端宜设置作业区结束标志，说明作业区结束位置。

**❽** 终止区末端应设置解除限速标志。

**❾** 对向警告区起点设置作业区距离标志，预告作业区位置。

### 14.2.5 城市道路单幅路内侧车道作业

城市道路单幅路内侧车道作业时，作业控制区布置及预告示例如图 14-2-6 所示。

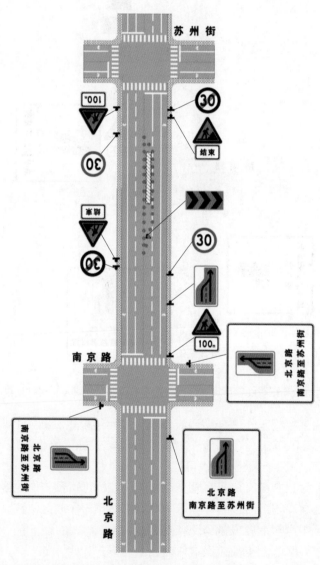

图 14-2-6 城市道路单幅路内侧车道作业控制区布置及预告示例（以设计速度 50km/h 为例）

❶ 宜采用围挡将工作区与交通流分隔，并利用渠化设施将上游过渡区、缓冲区和下游过渡区围起。

❷ 夜间应设置施工警告灯，施工警告灯应设置于围挡、路栏上，同时宜设置于渠化设施顶部。

❸ 在作业区上游交叉口所有相交道路上设置标志，预告作业区位置。

❹ 作业方向和对向警告区起点附近应设置作业区距离标志，预告作业区位置。

❺ 警告区中点附近应设置车道数变少标志。

❻ 作业方向上游过渡区的起点前和对向下游过渡区末端的相应位置应设置作业区限速标志。

❼ 上游过渡区内，根据车辆行驶方向设置线形诱导标志或可变箭头信号。

❽ 作业方向和对向终止区末端设置作业区结束标志，说明作业区结束位置，并设置解除限速标志。

## 14.2.6 城市道路两幅路外侧车道作业

城市道路两幅路外侧车道作业时，作业控制区布置及预告示例如图14-2-7所示。

❶ 宜采用围挡将工作区与交通流分隔，并利用渠化设施将上游过渡区、缓冲区和下游过渡区围起。夜间应设置施工警告灯，施工警告灯应设置于围挡、路栏上，同时宜设置于渠化设施顶部。

❷ 应在作业区上游交叉口所有相交道路上设置标志，预告作业区位置。

❸ 警告区起点附近应设置作业区距离标志，预告作业区位置。

❹ 警告区中点附近应设置车道数变少标志。

❺ 上游过渡区合流点前方施划禁止跨越同向车行道分界线，与原有标线构成虚实线，提示作业占用车道上的车辆尽快合流，非作业占用车道上的车辆禁止变换车道。配合禁止跨越同向车行道分界线设置导向箭头引导车辆合流。

❻ 上游过渡区的起点前应设置作业区限速标志，并在上游过渡区之前完成限速过渡。

❼ 上游过渡区内，根据车辆行驶方向设置线形诱导标志或可变箭头信号。影响行人或非机动车时，宜在适当位置设置行人、非机动车通道指示标志。

❽ 终止区末端宜设置作业区结束标志，说明作业区结束位置。

❾ 终止区末端应设置限速标志，限速值为该路段的原限速值。

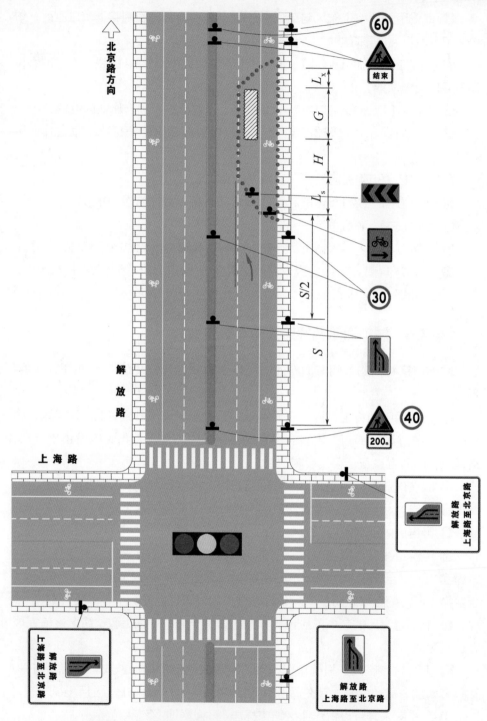

图 14-2-7　城市道路两幅路外侧车道作业控制区布置及预告示例

（以设计速度 60km/h 为例）

## 14.2.7　城市道路四幅路一个方向作业借用对向车道通行

城市道路四幅路一个方向作业借用对向车道通行时，作业控制区布置及预告示例如图14-2-8所示。

❶ 宜采用围挡将工作区与交通流分隔，并利用渠化设施将上游过渡区、缓冲区和下游过渡区围起。夜间应设置施工警告灯，施工警告灯应设置于围挡、路栏上，同时宜设置于渠化设施顶部。宜在每条车道设置上游过渡区。

❷ 利用渠化设施围起对向上游过渡区和对向缓冲区，有条件可使用活动护栏。

❸ 双向交通流路段宜使用活动护栏分隔。

❹ 封闭方向及对向警告区起点附近应设置作业区距离标志，预告作业区位置。

❺ 封闭方向警告区中点附近应设置改道标志图，对向警告区中点附近应设置车道数变少标志。

❻ 上游过渡区的合流点前方施划禁止跨越同向车行道分界线，与原有标线构成虚实线，提示占用车道上的车辆尽快合流，非占用车道上的车辆禁止变换车道。配合设置导向箭头引导车辆合流、指示行驶方向。

❼ 上游过渡区、工作区及下游过渡区宜配合车行道分界线设置导向箭头，引导车辆行驶方向。

❽ 对向上游过渡区起点附近设置双向交通标志。

❾ 封闭方向及对向上游过渡区的起点前应设置作业区限速标志，在上游过渡区之前完成限速过渡。

❿ 封闭方向及对向上游过渡区内，应根据车辆行驶方向设置线形诱导标志或可变箭头信号。

⓫ 在借用的对向车道结束端设置线形诱导标志或可变箭头信号及导向箭头，指引车辆驶回原车道。

⓬ 作业方向和对向终止区末端设置作业区结束标志，说明作业区结束位置，并设置解除限速标志。

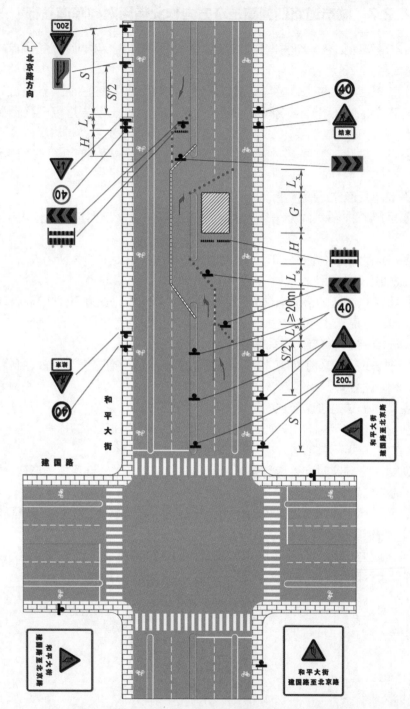

图 14-2-8 城市道路四幅路一个方向作业借用对向车道通行作业控制区布置及预告示例

（以设计速度 60km/h 为例）

## 14.2.8 城市道路交叉口进口道作业

城市道路交叉口进口道作业时，作业控制区布置示例如图14-2-9所示。

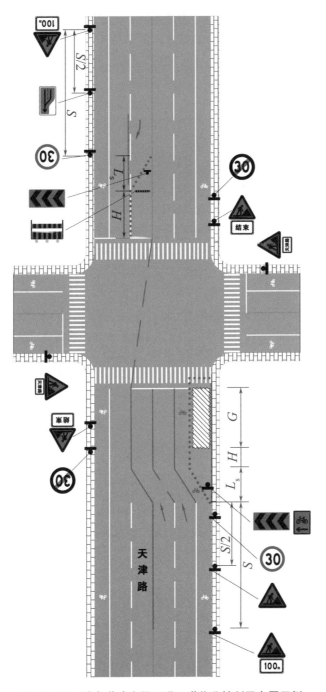

图 14-2-9 城市道路交叉口进口道作业控制区布置示例

❶ 宜采用围挡将工作区与交通流分隔，距离交叉口20m范围内、地面0.8m以上的部分采用网状或者镂空等通透式围挡。

❷ 利用渠化设施将上游过渡区、缓冲区和工作区围起，简化下游过渡区和终止区。夜间应设置施工警告灯，施工警告灯应设置于围挡、路栏上，同时宜设置于渠化设施顶部。封闭多条车道时，宜在每条车道设置上游过渡区。

❸ 根据交通量情况重新渠化进口道车道数，并配合设置导向箭头引导车辆行驶方向。

❹ 警告区起点附近应设置作业区距离标志，预告作业区位置。

❺ 警告区中点附近根据作业占用车道情况和渠化情况，重复设置施工标志或设置车道变少标志。

❻ 上游过渡区内，根据车辆行驶方向设置线形诱导标志或可变箭头信号。影响行人或非机动车时，在适当位置设置行人、非机动车通道指示标志。

❼ 作业区借用对向车道组织交通时，在对向进口道进行渠化。

a.设置路口导向线，并在对向进口道设置缓冲区和上游过渡区，诱导对向车辆提前合流。

b.对向进口道合流点前方宜划禁止跨越同向车行道分界线，与原有标线构成虚实线，提示占用车道上的车辆尽快合流，非占用车道上的车辆禁止变换车道。配合设置导向箭头引导车辆合流。

c.对向进口道警告区起点设置作业区距离标志，警告区中点附近设置车道数变少标志，上游过渡区的起点附近设置作业区限速标志，上游过渡区内根据车辆行驶方向设置线形诱导标志或可变箭头信号，缓冲区开始端设置路栏。

❽ 受作业区影响的出口道设置作业区结束标志，说明作业区结束位置，并设置解除限速标志。

## 14.2.9 城市道路交叉口出口道作业

城市道路交叉口出口道作业时，作业控制区布置示例如图14-2-10～图14-2-12所示。

❶ 可不设置上游过渡区，缓冲区从交叉口出口道起点开始设置。利用渠化设施将缓冲区、工作区和下游过渡区围起。作业区位置紧邻交叉口时，也可不设置缓冲区。

❷ 宜采用围挡将工作区与交通流分隔，距离交叉口20m范围内、地面0.8m以上的部分采用网状或者镂空等通透式围挡。

❸ 夜间应设置施工警告灯，施工警告灯应设置于围挡、路栏上，同时宜设置于渠化设施顶部。

❹ 交叉口出口道起点设置路栏、线形诱导标志或可变箭头信号，路侧对应位置设置作业区限速标志。

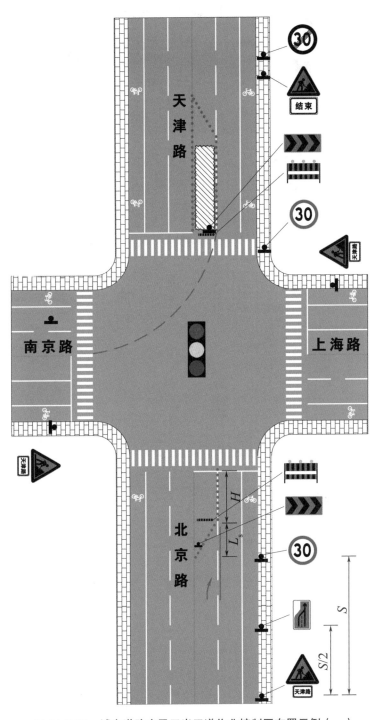

图 14-2-10　城市道路交叉口出口道作业控制区布置示例（一）

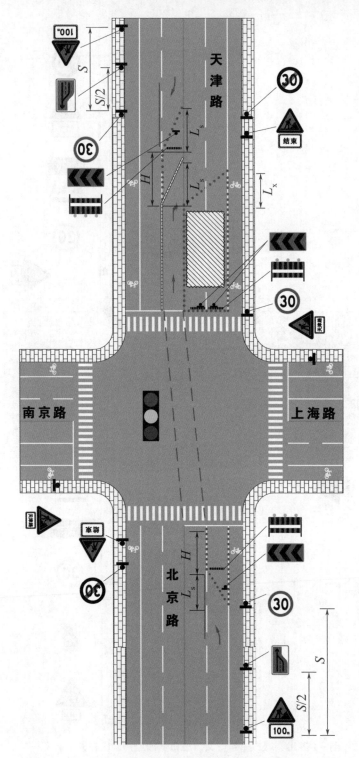

图 14-2-11　城市道路交叉口出口道作业控制区布置示例（二）

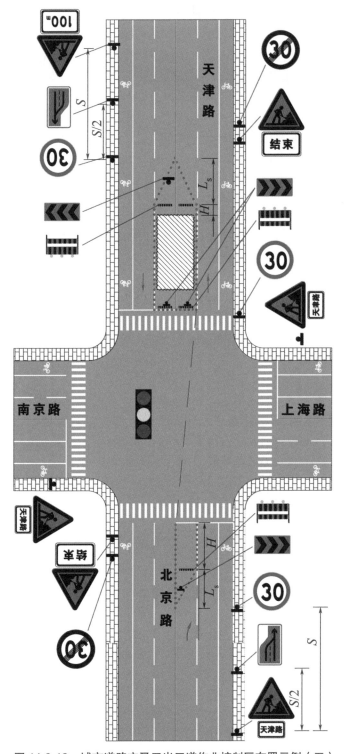

图 14-2-12　城市道路交叉口出口道作业控制区布置示例（三）

❺ 影响行人或非机动车时，在适当位置设置行人、非机动车通道指示标志。

❻ 终止区末端设置作业区结束标志，说明作业区结束位置和解除限速标志。

❼ 直行进入作业区的进口道的对应车道设置上游过渡区和缓冲区，使该方向进入交叉口的车辆提前合流，同时做到以下几点。

a.上游过渡区的合流点前方宜施划禁止跨越同向车行道分界线，与原有标线构成虚实线，提示占用车道上的车辆尽快合流，非占用车道上的车辆禁止变换车道。配合设置导向箭头引导车辆合流。

b.警告区起点设置作业区距离标志，警告区中点附近设置车道数变少标志，上游过渡区的起点附近设置作业区限速标志，上游过渡区内根据车辆行驶方向设置线形诱导标志或可变箭头信号，缓冲区开始端设置路栏。

c.交通量较大时，需进行交叉口重新渠化，并配合设置导向箭头引导车辆行驶方向。渠化导致交叉口车行道错位时，应设置路口导向线。

❽ 其他能进入该出口道的所有进口道都应设置施工标志，并以辅助标志说明。

❾ 终止区末端设置作业区结束标志，说明作业区结束位置，并设置解除限速标志。

❿ 作业区借用对向车道组织交通时，应符合：

a.应设置对向上游过渡区和对向缓冲区，并用渠化设施围起，若有条件可使用活动护栏；

b.双向交通流路段宜使用活动护栏分隔；

c.对向警告区起点附近应设置作业区距离标志，预告作业区位置；

d.对向警告区中点附近应设置车道数变少标志；

e.对向上游过渡区的起点前设置作业区限速标志；

f.对向上游过渡区内，根据车辆行驶方向设置线形诱导标志或可变箭头信号；

g.缓冲区开始端设置路栏；

h.受作业区影响的出口道设置作业区结束标志，说明作业区结束位置，并设置解除限速标志。

## 14.2.10 城市道路交叉口中心作业

城市道路交叉口中心作业时，作业控制区布置示例如图14-2-13所示。

❶ 可不设置上游过渡区和下游过渡区，根据实际需要在工作区和渠化设施之间预留缓冲区间。

❷ 宜采用围挡将工作区与交通流分隔，地面0.8m以上的部分采用网状或者镂空等通透式围挡。

❸ 四个进口道的内侧车道均设置上游过渡区，引导进入交叉口的车辆提前合流、围作业区绕行。

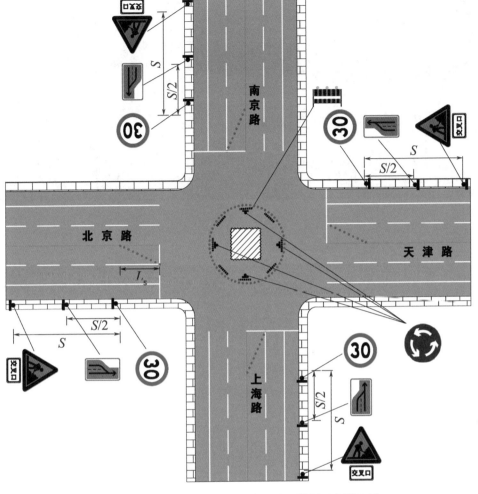

图 14-2-13　城市道路交叉口中心作业控制区布置示例

❹ 合流点前方施划禁止跨越同向车行道分界线，与原有标线构成虚实线，提示占用车道上的车辆尽快合流，非占用车道上的车辆禁止变换车道。配合设置导向箭头引导车辆合流、指示行驶方向。

❺ 沿渠化设施设置路栏，并配合设置线形诱导标志、可变箭头信号或环形交通标志。

❻ 夜间应设置施工警告灯，施工警告灯应设置于围挡、路栏上，同时宜设置于渠化设施顶部。

❼ 四个进口道警告区起点附近应设置施工标志，并以辅助标志说明作业区位置。

❽ 四个进口道警告区中点附近应设置车道数变少标志。

❾ 进口道上游过渡区的起点前设置作业区限速标志。

# 第15章
# 临时作业控制区

## 15.1 | 高速公路、一级公路、城市快速路上临时作业

高速公路、一级公路、城市快速路上临时作业时，作业控制区布置示例如图15-1-1所示。

❶ 应利用塑料注水（砂）隔离栏（或交通锥、交通桶、交通柱）将上游过渡区、缓冲区、工作区及下游过渡区围起。如设置安装有移动性作业标志的保护车辆，可不设置上游过渡区。

❷ 警告区中点附近设置作业区距离标志。

❸ 在距离上游过渡区$S/4$处设置车道数变少标志。

❹ 在上游过渡区之前设置作业区限速标志，配备交通引导人员，交通引导人员之前至少100m处宜设置注意交通引导人员标志。

❺ 上游过渡区内，根据车辆行驶方案设置线形诱导标志或可变箭头信号。

❻ 工作区前端设置路栏。

❼ 终止区末端设置解除限速标志。

## 15.2 | 二至四级公路、城市主干路、次干路和支路上的时作业

二至四级公路、城市主干路、次干路和支路上临时作业时，作业控制区布置示例如图15-2-1和图15-2-2所示。

❶ 可简化缓冲区，利用塑料注水（砂）隔离栏（或交通锥、交通桶、交通柱）将上游过渡区、工作区及下游过渡区围起。如设置安装有移动性作业标志的保护车辆，可不设置上游过渡区。四级公路可仅布置警告区和工作区。

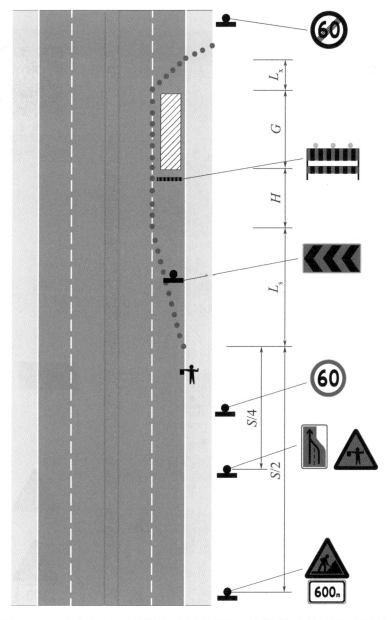

图 15-1-1　高速公路、一级公路、城市快速路上的临时作业控制区布置示例

❷ 警告区中点附近设置作业区距离标志。

❸ 在上游过渡区之前配备交通引导人员，宜在交通引导人员之前至少100m处设置注意交通引导人员标志。

❹ 上游过渡区内，根据车辆行驶方案设置线形诱导标志或可变箭头信号。

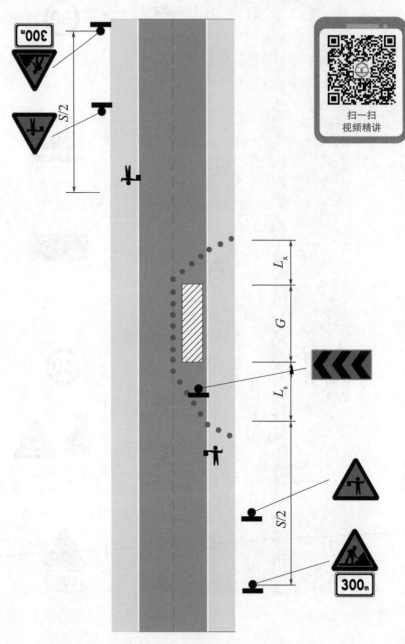

图 15-2-1　二至四级公路、城市主干路、次干路和支路上的
临时作业控制区布置示例（一）

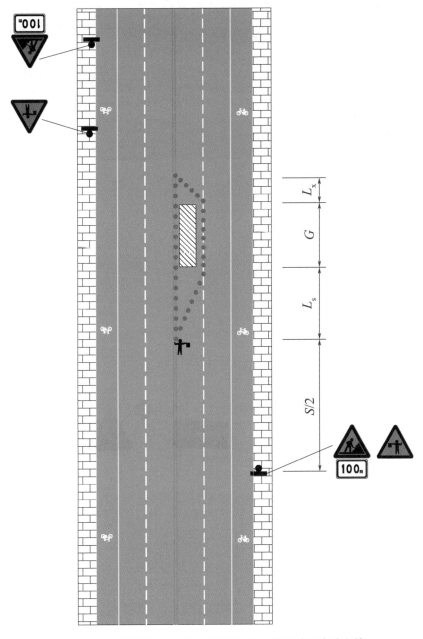

图 15-2-2　二至四级公路、城市主干路、次干路和支路上的
临时作业控制区布置示例（二）

# 第16章
# 移动作业控制区

移动作业车上安装移动性作业标志或可变箭头信号。

移动作业车后方配备交通引导人员或设置安装有移动性作业标志或可变箭头信号的保护车辆，也可在移动作业车上配备车载防撞垫（图16-1-1和图16-1-2）。

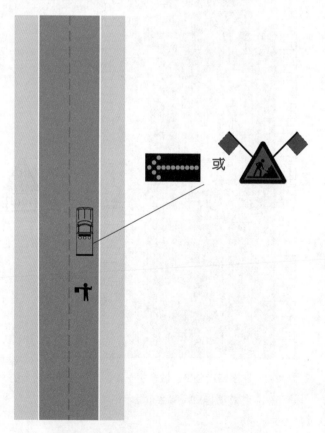

图 16-1-1　移动作业控制区布置示例（一）

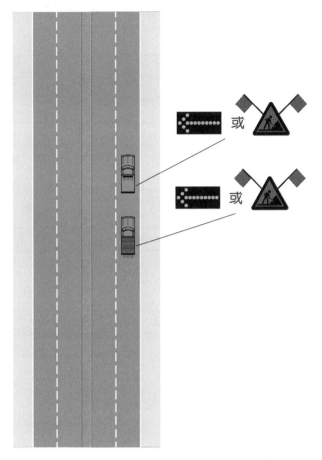

图 16-1-2　移动作业控制区布置示例（二）

# 配套视频目录（扫码观看）

| 序号 | 配套视频名称 | 正文二维码位置 |
|---|---|---|
| 1 | 移动养护作业 | P002 |
| 2 | 养护作业控制区 | P003 |
| 3 | 养护作业控制区的限速要求 | P008 |
| 4 | 闪光设施 | P027 |
| 5 | 作业区限速标志设置 | P031 |
| 6 | 四车道高速公路、一级公路封闭外侧车道作业时，作业区布置 | P033 |
| 7 | 四车道高速公路、一级公路养护作业设置 | P035 |
| 8 | 六车道高速公路封闭内侧两个车道作业时，作业区布置 | P040 |
| 9 | 六车道高速公路封闭一个方向作业借用同向便道通行时，作业区布置 | P043 |
| 10 | 立交出、入口匝道附近及匝道上养护作业 | P047 |
| 11 | 临时养护作业控制区布置 | P052 |
| 12 | 机械移动养护作业 | P055 |
| 13 | 作业区位于加速车道 | P059 |
| 14 | 作业区位于减速车道 | P061 |
| 15 | 高速公路出口匝道作业区布置 | P063 |
| 16 | 作业区位于加速车道相邻车道 | P064 |
| 17 | 作业区位于减速车道相邻车道 | P066 |
| 18 | 作业区位于平面交叉 | P067 |
| 19 | 双车道公路路肩作业 | P071 |
| 20 | 临时养护作业控制区 | P085 |
| 21 | 单车道四级公路通行状态下的养护作业 | P091 |
| 22 | 桥涵养护作业控制区布置 | P102 |
| 23 | 隧道养护作业控制区布置 | P111 |
| 24 | 十字交叉入口养护作业 | P113 |
| 25 | 十字交叉出口养护作业 | P118 |
| 26 | 收费广场养护作业控制区布置 | P129 |
| 27 | 交通工程及沿线设施养护作业控制区布置 | P141 |
| 28 | 城市道路非机动车道和人行道作业 | P147 |
| 29 | 高速公路、一级公路、城市快速路上临时作业 | P164 |